El libro tibetano de los muertos
Bardo Thödol

Padmasambhava

Diseño y maquetación: Saul Rojas Blonval

Traducción: Benjamin Briggent

Edita: Plutón Ediciones X, s. l.,

E-mail: contacto@plutonediciones.com
http://www.plutonediciones.com

I.S.B.N: 979-13-87952-17-4
Depósito Legal: B-21824-2025

Impreso en China / Printed in China

Introducción

Según la tradición budista, *El libro tibetano de los muertos* o *Bardo Thödol*, también conocido como *El gran libro de la liberación por la audición en el estado intermedio* (o de transición), fue escrito en el siglo VIII de nuestra era por Padmasambhava, (en sánscrito, "Nacido del loto"), fundador del lamaísmo y considerado el segundo Buda.

Cuenta la leyenda que Padmasambhava escribió varios textos esotéricos de forma codificada y los escondió en templos, cuevas y en las hendiduras de las montañas porque la gente aún no estaba preparada para algunas de las prácticas y doctrinas que deseaba impartir. Posteriormente, predijo que sus discípulos volverían en vidas futuras para revelar esas enseñanzas en el momento más indicado, siendo este uno de sus escritos principales.

Reconocido durante siglos como un clásico de la sabiduría budista y del pensamiento religioso, *El libro tibetano de los muertos* constituye una lectura imprescindible para todo aquel que quiera conocer la tradición espiritual tibetana.

A grandes rasgos, el texto funciona como un manual de instrucciones que se lee al oído del moribundo, y posteriormente al difunto, quien logra percibirlo a través de una forma de consciencia sutil que, según las creencias tibetanas, sobrevive a la consciencia empírica y a la muerte física. El objetivo de hacerle llegar al difunto dichas indicaciones es liberarlo de las tribulaciones a las que su "yo" metafísico se ve inevitablemente sometido, a causa de su karma personal, durante el llamado "estado de transición", espacio de tiempo que se inicia con la agonía que antecede a la muerte y concluye (en aproximadamente cuarenta y nueve etapas o, simbólicamente, días), si no se consigue la iluminación, asumiendo una nueva forma de vida en el ciclo incesante de renacimientos, conocido como samsara.

El libro tibetano de los muertos sostiene que, después de morir, todas las personas nos vemos proyectadas a un vórtice de espantosas visiones y sensaciones, que son el resultado y la manifestación de nuestro último karma. Por tanto, la preparación del alma es necesaria para soportar las adversidades y transformaciones que le depara el más allá.

Concretamente, se dice que este viaje comienza en los momentos de agonía, cuando aparece la Luz Infinita, fuente de toda vida, con la que el difunto puede fundirse y alcanzar así la liberación. Esta luz es tan intensa que, si no estamos purificados, cegados ante su poder y esplendor, huiremos aterrorizados, y es aquí cuando comienza el despliegue de divinidades que, como el mismo libro señala, no son más que proyecciones del individuo:

> *Si reconoces todos los fenómenos que aparecen bajo imágenes divinas o resplandores de luz como radiaciones de tu propia mente, te fundirás, inseparablemente, con*

las luces e imágenes y alcanzarás el estado de iluminación. Oh, hijo, veas lo que veas, por muy terrorífico que sea, reconócelo como a tus propias proyecciones; reconócelo como la luminosidad y radiación natural de tu propia mente.

A lo largo del texto, se insiste en la importancia de recordar las enseñanzas del Maestro y la confrontación con la Gran Luz, reconociendo las manifestaciones que aparecen en la conciencia del difunto cuando abandona su cuerpo: miedo, dolor, apego, pasión, dependencia, rencor, ambición, odio, futilidad, comodidad, placer, entre otras, ya que así se logra evitar un nuevo renacimiento y alcanzar el deseado estado de iluminación.

Esta obra es una adaptación basada en varias traducciones al inglés, cuyas ediciones fueron escritas a partir de diferentes manuscritos tibetanos.

Libro I

La gran liberación por la audición en el estado de transición

Loa a los Maestros, a los tres estados:[1]
Amitabha, Luz Infinita, Estado de la Realidad Absoluta,[2]
las divinas apariencias mentales de la paz
y de la cólera, estado de beatitud,[3]
Padmasambhava, protector de los seres, estado del devenir. [4]

Esta "Gran liberación por la audición"[5], durante el estado de transición[6], para los adeptos del desarrollo espiritual ordinario, consta de tres partes: introducción, cuerpo temático central y conclusión.

Los espíritus más elevados deben haber reconocido y dominado ya en vida, a través de su práctica de meditación, las instrucciones para su liberación, pero si no la han alcanzado, deben realizar la transmutación de la consciencia en el estado de transición a la muerte, que libera inmediatamente incluso con

1 Los tres *kayas*. Ver Glosario.
2 El Dharmakaya.
3 El Sambhogakaya
4 El Nirmanakaya.
5 Thödol.
6 Bardo.

solo recordarla. Esta debería, asimismo, liberar a los adeptos del desarrollo espiritual medio, pero, en caso contrario, estos han de escuchar "La gran liberación por la audición" en el estado de transición de experiencia de la realidad trascendental.[7]

Por ello, el adepto, en primer lugar, ha de examinar los signos de la muerte como se señala en el libro "Liberación espontánea de los signos de la muerte";[8] y, cuando todos estos síntomas se hayan completado, debe realizar la transmutación de la consciencia, que confiere la inmediata liberación con solo recordarla. Si la transmutación se ha efectuado, no hay necesidad de leer la "Liberación a través de la audición", pero si esta no ha sido realizada debe leerse de forma clara y precisa junto al cuerpo del difunto.

Si el cuerpo no está presente, el lector debe situarse en el asiento habitual o cama del fallecido, y, a través del poder de la verdad, apelar a su consciencia, imaginar que está sentado escuchando y, empezar a leer. Durante estos momentos no son buenos los lamentos ni los gemidos de los familiares, a quienes debe silenciarse.

Si el cuerpo está presente, después de la última espiración, su Maestro[9], o un hermano espiritual al que él amara y respetara, debe leer "La gran liberación por la audición" cerca de su oído, pero sin tocarlo.

Aplicación práctica:

Si puedes reunir una gran ofrenda, ofrécesela a las Tres Jo-

7 Dharmata.

8 Obra tibetana generalmente utilizada por los lamas como suplemento del *Bardo Thödol,* que trata científicamente y con gran detalle los síntomas de la muerte.

9 Gurú. Gu = oscuridad; rú = luz. Gurú es aquel que conduce de la oscuridad a la luz.

yas[10]. Si no es posible, concentra tu mente y ofrécesela en ilimitada adoración.

Entonces recita siete o tres veces la "Plegaria que invoca la ayuda de los Budas y Bodhisattvas"[11] y, a continuación, de forma clara y precisa, la "Plegaria de protección contra el miedo en el estado de transición", la "Plegaria de salvación en el peligroso camino del estado de transición" y "Las palabras fundamentales del Bardo". Por último, lee "La gran liberación a través de la audición" siete o tres veces.

Allí se expone, en primer lugar, la confrontación con la luz, tal como se produce durante los momentos de la muerte; a continuación, el recuerdo vivo o confrontación con la realidad durante el estado de transición y, finalmente, los métodos para cerrar la puerta de la matriz cuando, en el estado de transición, el muerto busca renacer.

---

10 "Las Tres Joyas son: Buda, Dharma y Sangha. Por Buda o Iluminado quiere decirse no solo el histórico fundador del budismo, sino el ideal de iluminación, tanto en su aspecto universal como en su realidad última. Dharma o doctrina no es solo la suma total de las enseñanzas de Buda, sino el conjunto de leyes morales y espirituales, descubiertas y reveladas por él. De manera similar, Sangha o asamblea es la comunidad espiritual de aquellos que, siguiendo el dharma, han alcanzado los mismos niveles de experiencia espiritual u observado las reglas de una misma disciplina monástica o, simplemente, el conjunto de fieles que buscan refugio en las Tres Joyas —iluminado y no iluminado, monástico y laico, real y nominal—. Las Tres Joyas son, por tanto, de capital importancia en el budismo. De hecho, son el budismo". Sangharákshita. *The Three Jewels.* Págs. V-VI. Anchor Books, New York, 1970.

11 Ver Glosario.

Parte I
El estado de transición
del momento de la muerte
(Bardo Chikhai)

En el momento de la primera confrontación frente a frente con la Luz Primordial, durante el estado de transición[12] del momento de la muerte, habrá quienes habiendo recibido las enseñanzas no la reconocerán y quienes habiéndola reconocido estarán poco familiarizados con ella. Pero escuchando esta lectura todo individuo reconocerá la Luz Primordial y, atravesando el estado de transición, alcanzará el increado Dharmakaya[13].

Método de aplicación:

Es mejor si el Maestro que guiaba al difunto se encuentra presente o, en su defecto, un hermano espiritual y, si este último tampoco es posible, entonces alguien instruido en la misma fe. Y si ninguno de ellos puede estar, entonces cualquiera que pueda leer de forma clara y precisa, repetidas veces el *Thödol*. Así, el difunto recordará lo que había oído de esta gran confrontación, podrá reconocer la Luz Primordial y, sin duda alguna, obtener la liberación.

---

12 Bardo.

13 Ver Glosario.

MOMENTO PARA SEGUIR LAS INSTRUCCIONES:

Cuando la expiración haya cesado, la fuerza vital[14] será absorbida en el centro nervioso de la sabiduría, y la Luz Primordial, libre de ataduras, brillará en la consciencia.

Entonces la fuerza vital, habiendo sido devuelta, descenderá a lo largo de los nervios psíquicos derecho e izquierdo, apareciendo momentáneamente el estado de transición.

Estas instrucciones deben aplicarse antes de que la fuerza vital se expanda por el nervio izquierdo, después de haber atravesado el centro nervioso del ombligo.

El tiempo generalmente necesario para este movimiento de la fuerza vital dura mientras la respiración existe, es decir más o menos el tiempo que se emplea en tomar una comida.

MÉTODO DE APLICACIÓN:

Es mejor si la transmutación de consciencia se efectúa cuando la respiración está a punto de cesar, pero, si no ha sido efectuada, hay que decir las siguientes palabras:

> Oh, noble hijo (nombre), ha llegado tu momento de buscar el camino. Tu aliento va a cesar. La Luz Primordial que tu Maestro te reveló vas a conocerla ahora en el estado de transición. Esta es la realidad, abierta y vacía como el espacio, vacío luminoso, pura y desnuda consciencia sin centro ni circunferencia. Reconócela, y permanece en ese estado. Yo también voy a ayudarte en estos momentos.

---

14 Prana.

Habiendo leído esto, se debe repetir muchas veces al oído del agonizante, antes de que la expiración cese, de modo que quede bien grabado en su mente. Entonces, cuando se oiga que la respiración ha terminado, hay que tenderlo del lado derecho en la "postura del león",[15] y presionar fuertemente las dos arterias que inducen al sueño (a ambos lados del cuello), hasta que cese su pulsación. De este modo, la fuerza vital no podrá volver al nervio medio y saldrá con seguridad por la abertura de Brahmán[16]. Es entonces cuando la confrontación real debe hacerse.

En este momento, el primer *bardo* de la brillante luz de la realidad,[17] la clara consciencia de la realidad trascendente[18] es experimentada por todos los seres animados.

Durante el intervalo entre el cese de la expiración y de la inspiración, la fuerza vital[19] permanece en el nervio mediano. La gente común llama a este estado el desvanecimiento de la consciencia. La duración de este es incierta, dependiendo de la condición espiritual y fase en el desarrollo yóguico. Estos momentos duran mucho tiempo en aquellos que se han dedicado largamente a la pacífica concentración de la meditación. Para favorecer dicha confrontación, hay que persistir en la repetición de las instrucciones hasta que salga pus de las diversas aberturas del cuerpo. En la gente maligna e insensible, dicho estado no dura más que un chasquido de dedos, pero en algunos dura tanto como el tiempo de una comida. En la mayoría

---

15 La posición de Gautama Buda a su muerte: tendido sobre el costado derecho, con la mano derecha bajo la cabeza.

16 Abertura en la coronilla; extremo superior de la vía energética central, a través de la cual la consciencia debe salir después de la muerte para ser liberada.

17 Dharmata.

18 Dharmakaya.

19 Prana.

de sutras y tantras[20] se dice que este estado dura cuatro días y medio; por lo que esta confrontación directa con la Luz Primordial debe mantenerse durante este tiempo.

Las instrucciones son las siguientes: si el moribundo puede, llevará a cabo por sí mismo las instrucciones que se le den. Pero si es incapaz de ello, entonces su Maestro, o un hermano de fe que fuera amigo íntimo, debe estar cerca y leer con voz clara los signos de la muerte en su secuencia natural: "Ahora viene el momento en que la tierra se disuelve en el agua, el agua en el fuego, el fuego en el aire, y el aire en la consciencia". Cuando todos los síntomas de la muerte han sido enumerados, entonces hay que decir en voz baja al oído del moribundo: "Oh, noble hijo (o, si era un maestro, "oh, Señor") no dejes que tus pensamientos te distraigan".

En el caso de un condiscípulo o cualquier otra persona, debe llamársele por su nombre y decirle las siguientes palabras:

> Oh, noble hijo, lo que se llama muerte ha llegado para ti. Ahora debes tomar la siguiente resolución: "Me ha llegado el momento de la muerte; frente a ella voy a adoptar únicamente la actitud de la mente en estado de iluminación, amor y compasión, y obtener así la perfecta iluminación para el provecho de todos los seres animados que habitan en espacios sin límite. En esta actitud, reconoceré la luminosidad de la muerte como la Gran Luz Primordial[21], alcanzando en este estado la suprema realización del Gran Símbolo[22] para el bien de todos los seres sensibles.

---

20 Ver Glosario.

21 Dharmakaya.

22 El Gran Símbolo (en sánscrito: *mahamudra*) es una práctica de meditación tántrica en la que la experiencia se transforma en la visualiza-

> Pero si no puedo realizarla, reconoceré este bardo y fundiéndome en la forma del Gran Símbolo, cualquiera sea su apariencia, actuaré en beneficio de todos los seres sensibles, tan infinitos en número como el cielo ilimitado". Firme en esta actitud deberás recordar y practicar cualquier técnica de meditación que hayas recibido en tu vida pasada.

Estas palabras deben ser dichas claramente con los labios cerca del oído, de forma que queden firmemente impresas en el agonizante, y que su mente no pueda dispersarse ni por un solo momento.

Entonces, cuando la respiración haya cesado por completo, uno debe presionar con fuerza las arterias del sueño y hacerle recordar, si era un maestro o hermano de fe más elevado que uno mismo, con las siguientes palabras: "Señor, ahora la Luz Primordial brilla ante ti; reconócela y permanece en ella". Y a las demás personas, el lector dirá:

> Oh, noble hijo (nombre), escucha. La Luz Primordial de la verdadera realidad está brillando ahora ante ti. Reconócela. Oh, noble hijo, en estos momentos tu estado mental es el del puro vacío; no posee naturaleza alguna, ni sustancia ni color, es puro vacío; esta es la verdadera realidad, el principio femenino de iluminación.[23]
>
> Pero este estado mental, que por su propia naturaleza es el vacío, no debes considerarlo como el va-

---

ción de la deidad en mandalas; en este estado, la Gran Beatitud es producida por la unión del aspecto masculino y femenino de la práctica. Es la visualización de las propias proyecciones como energías divinas.

23 Samantabhadrí.

cío de la nada, sino como la consciencia misma, sin trabas, brillante, universal y feliz; esta consciencia es el principio masculino de iluminación.[24] Ambas, tu consciencia cuya naturaleza es vacía, sin sustancia alguna, y tu consciencia vibrante y luminosa, son inseparables. Su unión constituye la realidad trascendental de perfecta iluminación.[25]

Esta consciencia tuya, brillante, vacía, inseparable luminosidad y vacío en forma de una gran masa de luz, no posee nacimiento ni muerte; es el principio de iluminación de inmortal luz.

Este conocimiento es lo único que importa: reconocer el vacío de tu propio intelecto como el estado de iluminación[26], y considerarlo como tu propia consciencia es mantenerte en el estado de iluminada consciencia.

Esto debe repetirse tres o siete veces, de forma clara y precisa, lo que recordará al muerto las enseñanzas que le había revelado en vida su Maestro; en segundo lugar, le hará reconocer a su desnuda consciencia como la realidad trascendental; y, en tercer lugar, habiendo reconocido su propia esencia, quedará inseparablemente unido a la realidad trascendental, y su liberación será cierta.

---

24 Samantabhadra y Samanta simbolizan la indisolubilidad de la compasión y el conocimiento, coeficientes ambos de la iluminación. Como encamación del Dharmakaya (Ver Glosario) constituyen el origen de las cinco familias búdicas u Órdenes de la Iluminación, que emanan de ellas y aparecen en el estado del Sambhogakaya (Ver Glosario). Este es también el nombre de un bodhisattva, que aparece en el tercer día del bardo.

25 Dharmakaya búdico.

26 Buda.

INSTRUCCIONES PARA LA SEGUNDA FASE DEL ESTADO DE TRANSICIÓN DEL MOMENTO DE LA MUERTE: LA CLARA LUZ SECUNDARIA VISTA INMEDIATAMENTE DESPUÉS DE LA MUERTE

Si la Clara Luz Primordial ha sido reconocida, se alcanza la liberación. Pero si existe el temor de que no ha sido reconocida, entonces brillará la Clara Luz Secundaria, que aparecerá, aproximadamente, "el tiempo necesario para una comida" a partir de la expiración.

Según el karma[27] sea positivo o negativo, la fuerza vital desciende al nervio derecho o izquierdo y sale por una de las aberturas del cuerpo, produciéndose entonces un lúcido estado de consciencia.

Decir que la duración del estado en la clara Luz Primordial puede durar "el tiempo de una comida" significa que esta depende de la sensibilidad o insensibilidad nerviosa y también de la práctica en la meditación.

Cuando el principio consciente sale del cuerpo, se pregunta: "¿Estoy muerto o no?". No puede saberlo; ve a sus allegados y familiares como los veía antes y oye sus llantos. Las terroríficas proyecciones del karma todavía no se producen, ni tampoco las apariciones o experiencias de los señores de la muerte.

Durante este intervalo, el Maestro o lector debe seguir las direcciones del *Thödol*.

Existen los adeptos de la meditación perfecta y los de la meditación visualizada.[28] En el caso de un adepto de la medi-

27 Ver Glosario.

28 Estas constituyen dos prácticas complementarias de meditación en el yoga tántrico. En la práctica de visualización, el sujeto contempla sus proyecciones en forma de deidades y se identifica con ellas; en la meditación perfecta, todo queda disuelto en el vacío sin forma, en la Pura Luz.

tación perfecta, hay que llamarlo por su nombre tres veces y repetir las palabras de confrontación con la Luz Primordial, leídas en el primer capítulo. Si es un adepto de la meditación visualizada, entonces se tienen que leer las plegarias de introducción y el texto de la meditación sobre su divinidad tutelar[29] y, a continuación, decir: "Oh, noble hijo, medita sobre tu divinidad protectora (aquí, decir el nombre de la divinidad). No te distraigas. Concéntrate en tu dios tutelar. Visualízalo como una apariencia sin sustancia en sí misma, como el reflejo de la luna en el agua, pero no como si tuviera una forma sólida".

Y si el muerto es una persona corriente: "Medita sobre el Señor de la Gran Compasión".

Instruidos así, incluso aquellos que no han podido reconocer el estado de transición podrán hacerlo sin duda alguna.

Las personas que en vida experimentaron esta confrontación por medio de un Maestro, pero sin familiarizarse con ella, no podrán reconocer solos el bardo. Un Maestro o un hermano de fe deberá ayudarles en estos momentos.

Puede haber también quienes, entrenados en la meditación, no pueden resistirse a la ilusión, a causa de una muerte demasiado violenta. Para ellos también la instrucción es absolutamente necesaria.

Esta es también extraordinariamente imprescindible para aquellos que, aunque con experiencia en la meditación, entran en existencias más bajas por haber faltado a los preceptos o al cumplimiento honrado de sus obligaciones.

Es mejor si el reconocimiento ha sido realizado durante la primera fase, pero, en su defecto, con esta nueva llamada en la segunda etapa, el intelecto se despierta ante el recuerdo y puede alcanzar la liberación.

Durante esta segunda fase del estado de transición, la cons-

29 Yidam.

ciencia del individuo, no sabiendo si está muerto o no, llega a un estado de lucidez, llamado el cuerpo de ilusión.[30] Si las instrucciones son aplicadas al difunto con éxito durante este estado, el karma no podrá impedirle su encuentro con la Madre-Realidad y la Realidad de Descendencia.[31] Como los rayos del sol disipan las tinieblas, así la clara luz del camino disipa el poder del karma.

El llamado segundo bardo brilla entonces ante el cuerpo mental, y la consciencia es capaz de oír de nuevo como antes. Si las instrucciones son comprendidas ahora, el objetivo ha sido alcanzado, pues como las confusas proyecciones del karma todavía no han aparecido no pueden arrastrarle de aquí para allá.

---

30 Contrapartida etérea del cuerpo físico a nivel terrestre: el "cuerpo astral" de la Teosofía.

31 La Realidad de Descendencia o Realidad Secundaria es la que se realiza en este mundo a través de la meditación profunda. La Madre-Realidad es la Realidad Primordial o Fundamental, experimentada únicamente después de la muerte.

PARTE II
EL ESTADO DE TRANSICIÓN DE EXPERIENCIA DE LA REALIDAD
(CHÖNYID BARDO)

Aunque la clara luz primordial no haya sido reconocida si se reconoce la clara luz de la segunda fase del estado de transición, la liberación será alcanzada. Pero, si aun así esta no ha sido lograda, aparecerá entonces el llamado tercer bardo, o estado de transición de la realidad trascendental.[32]

En esta tercera fase del estado de transición, las ilusiones kármicas empiezan a brillar. Es muy importante que las enseñanzas sobre la confrontación con la realidad trascendental sean leídas, pues estas poseen gran poder y son de gran ayuda.

En estos momentos, el difunto ve que su comida es retirada, su cuerpo despojado de los vestidos y su lecho deshecho. Oye los llantos y gemidos de sus amigos y familiares, puede verlos y oír su llamada, pero ellos no pueden verlo ni oírlo, lo que le llena de desesperación.

Durante este tiempo aparecen tres fenómenos: sonidos, luces de colores y rayos de luz, que le ocasionan temor, miedo y terror, y un gran cansancio. Llegado a este punto, la confrontación con el bardo de la realidad debe aplicarse.

Llamando al muerto por su nombre, hay que decirle, de forma clara y precisa, las siguientes palabras:

32 *Chönyid Bardo.*

Oh, noble hijo, escucha con toda atención, sin distraerte. Existen seis fases en el estado de transición (bardo): el bardo del nacimiento, el bardo del sueño, el bardo del despertar por la meditación, el bardo del momento de la muerte, el bardo de la realidad trascendental y el bardo del renacimiento. Oh, noble hijo, vas a experimentar tres estados de bardo: el bardo del momento de la muerte, el bardo de la realidad trascendental y el bardo del renacimiento. De estos tres, experimentaste hasta ayer el bardo del momento de la muerte. Aunque la clara luz de la realidad trascendental brilló ante ti, tú no pudiste permanecer en ella y ahora erras aquí. Ahora vas a experimentar el bardo de la realidad trascendental y el bardo del renacimiento, reconoce pues lo que voy a mostrarte, y no te distraigas.

Oh, noble hijo, lo que se llama muerte te ha llegado. Pero no eres el único en irte de este mundo, pues la muerte llega para todos. No te quedes apegado a esta vida ni por sentimiento ni por debilidad. Pues, aunque por debilidad te quedaras apegado, no está en tu poder permanecer en ella. No harías más que errar por la rueda del mundo fenoménico.[33] No te apegues a este mundo, no seas débil. Acuérdate de las Tres Joyas.

Oh, noble hijo, sea cual sea el miedo y el terror que puedan asaltarte en el bardo de la realidad esencial, no olvides estas palabras y, guardándolas en tu corazón, sigue adelante, pues en ellas se encuentra el secreto vital del reconocimiento:

33 Sangsara o samsara. Ver Glosario.

Ahora, cuando el bardo de la realidad esencial brilla sobre mí, apartaré cualquier pensamiento de miedo o terror, reconoceré lo que aparezca como mi propia proyección y sabré que es una visión del bardo; ahora, cuando he llegado a este momento crucial, no temeré a mis propias proyecciones, pacíficas o terribles.

Sigue adelante, diciendo estas palabras de forma clara y precisa, y acuérdate de su significado profundo. No las olvides, pues es de vital importancia reconocer con certeza que aparezca lo que aparezca, por muy terrible que sea, es tu propia proyección.

Oh, noble hijo, cuando tu cuerpo y tu mente se separan, la realidad esencial aparece, pura y clara, aunque difícil de discernir, luminosa y brillante, de terrible fulgor, moviéndose en apariencia como un espejismo a través de un paisaje primaveral en su continuo fluir de vibraciones. No te intimides, no te aterrorices ni temas. Es el fulgor de tu propia naturaleza, reconócela.

Del interior de esta radiante energía surgirá el sonido natural de la realidad, repercutiendo como miles de truenos al mismo tiempo. Este es el sonido de tu propia y verdadera naturaleza, por tanto, no te asustes ni intimides. El cuerpo que posees es llamado el cuerpo mental hecho de tendencias. Como no posees un cuerpo material de carne y sangre, cualquier cosa que llegue —sonidos, luces o rayos— no puede dañarte: no puedes morir. Basta simplemente con reconocer que son tus propias proyecciones. Saber que estás en el estado de transición.

Oh, noble hijo, si no las reconoces como a tus propias proyecciones, cualquiera sea la práctica de meditación o devoción que hayas hecho durante tu vida, si no encontraste esta enseñanza de ahora, dichos fulgores te atemorizarán, los sonidos te intimidarán y los rayos de luz te aterrorizarán. Si no entiendes este punto vital de la enseñanza, no reconocerás los sonidos, luces ni rayos, y vagarás por el ciclo de la ignorancia.[34]

El alba de las divinas apariencias de la paz[35]

Primer día

Oh, noble hijo, durante los cuatro últimos días has estado desvanecido. En cuanto despiertes de tu desmayo, te preguntarás: "¿Qué ha pasado?". Es necesario saber que te encuentras en el estado de transición.

En estos momentos, el mundo fenoménico te aparecerá transformado, y cualquier cosa que veas será en forma de luces e imágenes. Todo el espacio brillará con una luz azul, y ante ti aparecerá el bendito Vairo-

34 Sangsara o samsara.

35 Proyecciones del individuo que toman la apariencia de energías divinas. Si estas proyecciones son afectivas, siendo su centro simbólico el corazón, aparecen como Divinidades de la Paz; si son mentales, con centro en el cerebro, como Divinidades de la Cólera. Para más información consulta el Prólogo.

cana[36] desde el Reino Central del Círculo Cósmico. Su cuerpo es de color blanco, se sienta en el trono del león, en su mano sostiene la rueda de ocho rayos y enlaza a su pareja,[37] el principio femenino de los espacios celestes. Es el elemento psíquico de la consciencia[38] en su pureza básica. Esta visión de la matriz

36 Vairocana: "El Iluminador". Buda del Centro o Reino Central. Como un sol central, rodeado de las otras cuatro divinidades (Budas) de los cuatro puntos cardinales que aparecerán en los días siguientes, simboliza la Verdad absoluta, fuente en la que toda existencia, visible e invisible, tiene su consumación y absorción. Todo su simbolismo es el de la gran visión, panorámica y descentralizada, completa amplitud de consciencia, cuyo centro y circunferencia se hallan por doquier. Esta visión de la limitada profundidad del azul infinito, del espacio ilimitado, sin centro ni circunferencia, es fantástica, pero, si no hay quien la perciba, es aterradora para el ego, por lo que la luz blanca de los devas, brillando cual foco luminoso, constituye un punto de referencia hacia el que se es atraído. Es decir, que en nuestra vida cotidiana la alternativa se encontraría entre una visión del mundo armónica, en la que este tiene un sentido y lo rige una razón, por la que nosotros mismos somos explicados y con la que podemos relacionamos, es decir, movernos a un nivel sentimental de autoindulgencia personal, o la aceptación de la existencia de una dimensión más allá de todo lo conocido, más allá de toda categoría mental o personal, y, en este sentido, puro vacío.

37 Toda energía posee su aspecto activo (masculino) y su aspecto receptivo (femenino).

38 Skandha: los cinco factores o elementos materiales con los que el budismo analiza la personalidad psicológica. 1º: La *Individualidad*, el sujeto se separa de la realidad (objeto) y se sitúa frente a ella. 2º: *Sensibilidad*; el individuo reacciona, a continuación, frente a la realidad circundante a través de sus sensaciones. 3º: *Percepción*; por ella el sujeto se hace consciente de los estímulos sensoriales. 4º: Dando esto lugar al conepto. 5º: Finalmente está la *consciencia*, que combina todas las percepciones sensoriales y mentales. El individuo llega así a formar un universo propio, y, en vez de percibir el mundo tal como es, hace una descripción de este, proyectando sus propias imágenes, a las que considera como la realidad misma, es decir, se ha construido el ego.

primordial,[39] azul, brillante, transparente y relumbrante saldrá hacia ti del corazón de Vairocana y su consorte, y te penetrará con una luz tan brillante que difícilmente podrás mirar. Junto a esta luz, el suave resplandor blanco de los dioses[40] brillará ante ti y te atravesará. En estos momentos, por influencia del karma negativo, la brillante y gloriosa luz azul de sabiduría de la gran matriz[41] te aterrorizará e intentarás escapar a ella; sintiendo, por el contrario, placer hacia la suave luz blanca de los dioses.

No te intimides ni asustes por la luminosa, brillante, refulgente y clara luz azul de la visión suprema, pues es el rayo de luz del Iluminado[42], conocido por la sabiduría de la matriz cósmica.[43]

Pon tu fe en ella, confía firmemente y dirígele tus súplicas, pensando: "Es el rayo de luz de la compasión de Vairocana, en él me refugiaré". Este es Vairocana que viene a protegerte en el peligroso camino del estado de transición.

No te sientas atraído por la suave luz blanca de los dioses.[44] No te apegues a ella ni lo desees. Si eres atraído por ella, errarás por los dominios de los dioses e irás girando en torno a los seis planos de existencia.[45] Este es

---

39 Dharmadhatu. Ver Glosario.

40 Cuando la persona sale de la luminosidad, cuando, en vez de disolverse en el infinito, se agarra a su individualidad, el ego crea entonces una imagen del mundo armónica, pacífica y comprensible. Este es el nivel de los dioses o devas.

41 Dharmadhatu.

42 Buda.

43 Dharmadhatu.

44 Devas. Ver Glosario.

45 Lokas: los seis reinos de la existencia, o seis principales estados

un obstáculo que te obstruye el camino de la liberación. No mires, pues, esta suave luz sino la brillante luz azul, con profunda fe. Concentra ardientemente todo tu pensamiento en Vairocana y repite conmigo lo siguiente:

Cuando por intensa ignorancia
voy errante a través del mundo fenoménico,
que en el luminoso camino
de la visión de la matriz cósmica
pueda guiarme el bendito Vairocana
y pueda el divino principio femenino
del espacio infinito seguirme;
que puedan ayudarme a cruzar el peligroso camino
del estado de transición y conducirme
al perfecto estado de iluminación.

Diciendo esto con fe humilde y profunda, te fundirás en el luminoso halo en arcoíris del corazón de Vairocana y obtendrás el estado de iluminación en el Reino Central, el de la más densa concentración.

SEGUNDO DÍA

Puede suceder que, a pesar de esta confrontación, el difunto, debido a sus velos kármicos, formados de instintos agresivos y neuróticos, se haya dejado alarmar por la espléndida luz, haya intentado huir o se haya dejado dominar por las ilusiones, aún tras las palabras dichas. Entonces, durante el segundo día, Vajra-

de la confusión. (El texto solo presenta cinco): orgullo, celos, ignorancia, cólera, codicia y lujuria. Cada uno posee su alternativa, que implica la posibilidad de dejar de agarrarse frenéticamente a la propia seguridad.

Sattva y las energías divinas que lo rodean vendrán a recibirlo, junto con su *karma* negativo que conduce a las tinieblas.

Para esta confrontación, hay que llamar al difunto por su nombre y decirle las siguientes palabras:

> Oh, noble hijo, escucha sin distracción. Durante el segundo día, una blanca luz, la pura forma del elemento agua, brillará. En estos momentos, del oriental reino azul de la completa felicidad, la energía divina indestructible-inamovible, el bendito Vajrasatva-Akshobhya,[46] de color azul, sosteniendo en su mano el dorje[47] de cinco puntas, y sentado en el trono del ele-

46 Akshobhya significa inamovible y Vairasattva significa el que posee el Vajra. Vajra es una joya preciosa que puede destruir cualquier otra materia, incluso el diamante. El Vajra posee tres cualidades: no puede ser nunca utilizado de manera frívola, siempre cumple la función de destruir al enemigo y siempre vuelve a las manos de su poseedor; es indestructible. Vajrasattva-Akshobhya se sienta en el trono del elefante, lo que da una imagen de gran compacidad y solidez. Su consorte, Lokana, la del Ojo Iluminado, significa despertar. El principio femenino activa y da salida a esta solidez; es el elemento de comunicación que da lugar a la vida.
Ambas divinidades se encuentran acompañadas por los bodhisattvas: Kshitigarbha, la esencia de la Tierra, que representa todo tipo de fertilidad y crecimiento, y Maitreya, el amor, el Buda de nuestra época, el cual reformará las mentes a través del poder del amor divino, pues toda esta firmeza, solidez y fertilidad necesita al mismo tiempo emoción para darle vida. Estos se encuentran acompañados de los bodhisattvas femeninos: Lasema, energía de la danza y del mudra, que representa la belleza y divinidad del cuerpo, mostrando la majestuosidad del principio femenino, y Pushepema, la diosa de las flores, que representa la visión, la vista y el decorado. Junto al elemento psicológico de la loma, el espejo de sabiduría, brillante luz blanca que surge del corazón de Vajrasattva, se encuentra el resplandor grisáceo de las tinieblas: el paranoico funcionamiento de la mente con su machacante sentido crítico.

47 Dorje: Ver Glosario.

fante, enlazando a su consorte, el principio femenino Locana, se te aparecerá, rodeado de los bodhisattvas: Kshitigarbha y Maitreya, y junto con los bodhisattvas femeninos: Lasema y Pushpenta. O sea que aparecerán ante ti las seis formas de iluminación.[48] La blanca luz del elemento psicológico[49] en su manifestación más pura, el espejo de sabiduría, brillará con una radiante y blanca luz, que surge del corazón de Vajra-Sattva y su consorte; luz tan luminosa, brillante y transparente que apenas podrás mirarla. Al mismo tiempo, junto con la luz de la sabiduría, el suave resplandor grisáceo de las tinieblas vendrá también ante ti. En estos momentos, por influencia de tus instintos agresivos, aterrorizado intentarás escapar de la brillante luz blanca, y te sentirás atraído por el suave resplandor grisáceo de las tinieblas. No temas a la luz blanca, brillante, resplandeciente y transparente. Reconócela como a la sabiduría. Confía en ella humilde y profundamente. Es la luz de compasión del Bendito Vajra-Sattva. Piensa con fe: "Tomaré refugio en ella". Es el bendito Vajra-Sattva que viene a recibirte y salvarte de los terrores del estado de transición. Es el anzuelo de los rayos de gracia de Vajra-Sattva.

No seas atraído por el suave resplandor grisáceo de las tinieblas. Es el karma negativo acumulado por tus instintos agresivos y neuróticos. Si eres atraído hacia él, caerás en las tinieblas y te sumirás en las cenagosas aguas del sufrimiento, del que hay difícil salida.

Este es un obstáculo que te obstruye el camino de la liberación. No lo mires, evita la agresión. No seas

48 Las seis formas búdicas.

49 Skandha.

atraído hacia él, no seas débil. Ten fe en la blanca luz resplandeciente y brillante, y, confiando tu corazón en el bendito Vajra-Sattva, di la siguiente plegaria:

Cuando, por la violenta agresión, erro por el mundo fenoménico que en el luminoso camino del espejo de sabiduría pueda ser guiado por Vajra-Sattva, y pueda el divino principio femenino Locana seguirme; que puedan ayudarme a cruzar el peligroso camino del estado de transición, y conducirme al perfecto estado de iluminación.

Diciendo esto, con fe humilde y profunda, te fundirás en el halo de luz del corazón del bendito Vajra-Sattva y alcanzarás la iluminación en el estado de beatitud[50] del reino del este, conocido como la Suprema Felicidad.

TERCER DÍA

Incluso tras esta confrontación, hay personas que, por el oscurantismo del karma negativo y por el velo del orgullo, huyen de la luz de la gracia. A estos, el bendito Ratnasambhava[51] y

50 *Santbhogakaya.*

51 Vairocana ha aportado espacio, Vajrasattva solidez, ahora Ratnasambhava aporta riqueza, dignidad y expansión. Su color es el amarillo, que representa a la tierra, o sea, fertilidad en el sentido de salud y riqueza. Sostiene en su mano una joya, lo que refuerza este sentido. Mamaki, su consorte, representa el agua; para la riqueza del suelo se necesita esta. El bodhisattva Akashagarbha es la esencia del espacio. Con tan rico suelo se necesita espacio para crear perspectiva. Y Samantabhadra representa la fuerza básica y el aspecto orgánico de todo el mandala de la familia Ratna. Este se asocia también con el pensamiento positivo y la forma confiada de mirar al futuro. Todos ellos están acompañados de sus aspectos feme-

las energías divinas que lo acompañan, junto con el resplandor luminoso procedente del mundo humano, vendrán a recibirlo el tercer día.

De nuevo, llamando al difunto por su nombre, hay que guiarlo con las siguientes palabras:

> Oh, noble hijo, escucha sin distracción. Durante el tercer día, una luz amarilla, el elemento Tierra en su estado puro, brillará. Al mismo tiempo, el bendito Ratnasambhava aparecerá ante ti lleno de gloria desde el reino amarillo del sur. Su cuerpo es de color amarillo, sostiene en la mano una joya y está sentado en el trono del caballo, enlazado por el principio femenino divino Mamaki. Viene acompañado por los dos Vajra-Sattvas, Akashagarbha y Samantabhadra, y las dos Vajra-Sattvas femeninas, Mahlaima y Dhupema. En total, las seis formas búdicas brillarán sobre ti en medio de un arcoíris.
>
> La luz amarilla del elemento psíquico de la sensibilidad[52] en su pureza básica, la sabiduría de la ecuanimidad, amarilla brillante, adornada con discos de luz, luminosa y clara, insostenible a la mirada, vendrá hacia ti desde el corazón de Ratnasambhava y su consorte, atravesando tu corazón. Al mismo tiempo, junto con la luz de la sabiduría, un tenue resplandor azulado de los seres humanos atravesará también tu corazón. En estos momentos, por influencia del

ninos: Mahlaima, "la que posee el rosario", la diosa que ofrece toda serie de adornos, collares, brazaletes, etcétera, resaltando la cualidad terrestre de dicha familia, y Dhupema, "la que posee el incienso", que representa el olor, el perfume, el medioambiente que la tierra crea, el aire fresco, sin polución, la vegetación y los riachuelos.

52 Skandha.

orgullo, quedarás aterrorizado y escaparás de la clara y relumbrante luz amarilla, sintiendo placer y atracción por el tenue resplandor azulado de los seres humanos. Sin embargo, no te asustes ante la luz amarilla, luminosa y clara, fulgurante y brillante, sino reconócela como a la sabiduría. Tranquiliza tu mente, relájate en un estado de no acción, y agárrate a ella ardientemente. Si la reconoces como el brillo natural de tu propia mente, aunque no sientas devoción ni dirijas plegarias, todas las formas, luces y rayos se fundirán inseparablemente contigo y alcanzarás la iluminación. Si no puedes reconocerla como a la radiación natural de tu propia mente, suplícale con devoción, pensando: "Es el rayo de luz de la gracia del bendito Ratnasambhava, en él tomaré refugio". Es el "anzuelo de luz" de la gracia del bendito Ratnasambhava. Confía en él.

No seas atraído hacia el tenue resplandor azulado de los seres humanos. Ello se debe a la acumulación de sus tendencias inconscientes, basadas en tu intenso orgullo. Si eres atraído por él, caerás en el mundo humano y sufrirás el nacimiento, la vejez, la enfermedad y la muerte. Y no escaparás a las pantanosas ciénagas del mundo fenoménico. Este es un obstáculo que obstruye el camino de la liberación. No lo mires, abandona el orgullo, abandona tus tendencias inconscientes, no seas atraído por todas estas cosas, no seas débil. Confía en la luminosa y brillante luz amarilla, y di esta plegaria con intensa concentración en el bendito Ratnasambhava:

Cuando por el intenso egoísmo
erro por el mundo fenoménico,

que en el luminoso camino de la sabiduría
de la ecuanimidad pueda guiarme el bendito
Ratnasambhava, y el divino principio femenino
Mamaki pueda seguirme;
que puedan ayudarme a cruzar
el peligroso camino del estado de transición
y conducirme al perfecto estado de iluminación.

Diciendo esto con profunda humildad, te fundirás en el arcoíris del corazón del bendito Ratnasambhava y su consorte, y alcanzarás la Iluminación en el estado de beatitud[53] en el reino del sur, llamado El Glorioso.

CUARTO DÍA

A través de esta confrontación, por muy débiles que sean las propias facultades, se alcanzará sin duda la liberación. Pero a pesar de estas repetidas confrontaciones, hay hombres que, por haber creado mucho karma negativo, no haber observado sus votos o bien no merecer una más alta evolución, son incapaces de hacer el reconocimiento. Esta ignorancia, este karma negativo causado por el deseo y la avaricia, le llevan a temer los sonidos y luces e intentar escapar.

Entonces, durante el cuarto día, el bendito Amitabha[54] y

53 Sambhogakaya.

54 El cuarto día está dedicado al puro elemento del fuego, representado por Amithaba, "Luz Ilimitada", que participa de la naturaleza del fuego, no en sentido de agresión, sino de consumir de modo indiferenciado cualquier sustancia sin rechazo o aceptación. Lleva un loto en la mano; el loto crece en medio de aguas cenagosas y se abre siempre hacia la luz. Está sentado en el trono del pavo; mitológicamente se considera que el pavo se alimenta de veneno, del que proceden sus bellos colores. Su consorte es Gokarmo, "La vestida de blanco"; según la leyenda, sus

las energías divinas que lo rodean vendrán a recibirlo, así como una luz procedente de los espíritus hambrientos,[55] causada por el apego y la ruindad.

Para dirigir de nuevo al difunto, se debe llamarlo por su nombre y decirle las siguientes palabras:

> Oh, noble hijo, escucha sin distracción. En el cuarto día, la luz roja, forma pura del elemento fuego, brillará.
>
> Al mismo tiempo, del reino occidental y rojo de la felicidad, el bendito Buda Amitabha, de color rojo, sosteniendo en su mano un loto, sentado en el trono del pavo y enlazado por el divino principio femenino Gokarmo, aparecerá ante ti con los bodhisattvas Chenrazee y Jampal y las bodhisattvas femeninas Ghirdima y Aloke. Estos seis cuerpos de iluminación brillarán ante ti en medio de un arcoíris.

---

vestidos solo pueden limpiarse por medio del fuego; representa la purificación y completa compasión resultante de la consunción por el fuego. El bodhisattva Chenrazee (Sánscrito: Avalokiteshvara), "El que mira hacia abajo" es la esencia de la compasión. Se considera que los Dalái Lamas son sus encarnaciones. El bodhisatva Jampal (Sánscrito: Manjushri), "El de la Dulce Gloria", representa el aspecto intelectual más impulsivo de la compasión. Es el creador del sonido y de la comunicación compasiva; representa el sonido del vacío, fuente de toda palabra. Ghirdina (Sánscrito: Gita, "Canto"), es la bodhisattva femenina del canto, que acompaña la música de Jampal, y junto a ella está Aloke, que lleva una lámpara. El proceso de la compasión en su conjunto posee ritmo o luz, inteligencia y eficacia, la naturaleza purificadora e infinita de Amithaba. Esta constituye la familia Padma, que trasciende el elemento psíquico perceptivo y brilla con la roja luz del discernimiento. Todo este conjunto de cualidades padma, agudeza, precisión, profundidad y majestad, pueden resultar abrumadoras y uno puede preferir hacerse el sordo y el ciego, escabulléndose hacia las pasiones ordinarias (reino de los espíritus hambrientos).

55 Pretas.

La luz roja del elemento psicológico de la percepción[56] en su pureza básica, la sabiduría del discernimiento, roja brillante, adornada con discos de luz, luminosa y clara, aguda y centelleante, vendrá del corazón de Amitabha y su consorte, y atravesará tu corazón de forma que apenas tus ojos podrán mirarla. No tengas miedo de ella.

Al mismo tiempo, junto con la luz de sabiduría, un tenue resplandor amarillento procedente de los espíritus hambrientos brillará también. No seas atraído por él, abandona tus apegos y debilidad.

En este momento, por la influencia intensa de los apegos, te aterrorizarás ante la brillante luz roja y escaparás, atraído hacia el tenue resplandor amarillento de los espíritus hambrientos.

No temas a la aguda y brillante, luminosa y clara luz roja, sino que reconócela como a la sabiduría. Deja descansar tu mente y relájate en un estado de no acción. Agárrate a esta luz con fe y ardor. Si la reconoces como a tu propia radiación, incluso si no sientes devoción y no dices la plegaria, todas las formas de luces y rayos se fundirán inseparablemente contigo y alcanzarás la iluminación. Si no puedes reconocerla, suplícale con devoción y piensa: "Es el anzuelo de los rayos de gracia del bendito Amithaba, tomaré refugio en él". Adóralo y no escapes. Aunque intentes escapar, la luz te seguirá, pues es inseparable de ti. No temas. No seas atraído por el tenue resplandor amarillento de los espíritus hambrientos. Este es el resplandor causado por la acumulación de tus sentimientos de apego al mundo fenoménico, el cual se te manifiesta.

56 Skandha.

Si te apegas a él, caerás en el mundo de los espíritus hambrientos, y sufrirás hambre y sed intolerables. Este es un obstáculo que bloquea el camino de la liberación. Que no te atraiga, abandona tus tendencias inconscientes. No seas débil. Confía en la luminosa y brillante luz roja y di la siguiente plegaria con intensa concentración en el bendito Amithaba y su consorte:

Cuando por los intensos apegos
erro por el mundo fenoménico,
que en el luminoso camino de la sabiduría
del discernimiento pueda guiarme
el bendito Amithaba, y el divino principio femenino
de "La vestida de blanco" pueda seguirme;
que puedan ayudarme a cruzar el peligroso camino
del estado de transición y conducirme
al perfecto estado de iluminación.

Diciendo esta plegaria con devoción, te fundirás en el arcoíris de luz del corazón del bendito Amithaba, luz infinita, y su consorte, y llegarás al estado de iluminación en el reino del oeste, llamado El Bienaventurado.

Quinto día

Es imposible no ser así liberado. Sin embargo, a pesar de esta confrontación, algunos seres animados no pueden abandonar sus tendencias inconscientes debido a su larga habituación y, bajo influencia de la envidia y del karma negativo, tienen miedo de los sonidos y las luces; y no pudiendo ser recogidos por "el anzuelo de rayos luminosos de la gracia", llegan errantes al quinto día del estado de transición. Entonces el bendito Amogha-Siddhi[57], rodeado de sus energías divinas y los rayos luminosos de su gracia, vendrá a recibirlo, junto con una luz procedente de los titanes[58] producida por la pasión y la envidia. La confrontación consiste en llamar al difunto por su nombre y decirle las siguientes palabras:

> Oh, noble hijo, escucha sin distracción. El quinto día, una luz roja, el elemento aire en su pureza, brillará.
>
> En ese momento del reino del norte, el de las acciones realizadas, el bendito Amogha-Siddhi de color verde, llevando en su mano el dorje en forma de cruz, sentado en el trono de las arpías voladoras[59] y enlazado por el divino principio femenino, la fiel Dólma, brillará sobre ti junto con sus asistentes, los dos bo-

---

57 En el 5º día aparece la Orden (familia) de Karma, que es la cualidad pura del aire. Su color es el verde, el color de la envidia. Esta familia está asociada con la acción, realización y eficiencia. Amogha-Siddhi significa el que realiza todas las acciones, todos los poderes. Lleva en su mano el Vajra, signo de todo poder. El trono de la Garuda, especie de superpájaro, que puede volar por doquier llenando todo el espacio, da muestra de dicho poder. Su consorte, Dólma (Sánscrito: Tara), la Salvadora del Santo Nombre, significa el cumplimiento de la situación vital de cada momento. El bodhisattva Chag-Na-Dorje, "El que sostiene el dorje" (Sánscrito: Vajrapani), representa la energía. Y el bodhisattva Dibpanansel, "Clarificador de los oscurantismos", el que aparta todos los obstáculos. En resumen, la familia Karma posee el poder de realización y la ausencia de todo obstáculo. Gandhema es la bodhisatva femenina del perfume, llevando esencias compuestas de toda clase de hierbas, que representan la percepción sensorial o sensibilidad, pues para desarrollar una diestra actividad se necesita el desarrollo de la percepción sensorial. Nidhema ofrece comida, la comida de la meditación que alimenta cualquier recta acción.

58 Asuras.

59 Garudas.

dhisattvas, Chag-Na-Dorje y Dibpanamsel, y las dos bodhisattvas femeninas, Gandhena y Nidhema. Estas seis formas búdicas aparecerán ante ti desde un arcoíris.

La luz verde del elemento psicológico del concepto[60] en su pureza primordial, la sabiduría que todo lo cumple, verde brillante, luminosa y clara, fulgurante y terrorífica, adornada con discos de luz, vendrá del corazón de Amogha-Siddhi y su consorte, atravesará tu corazón y tus ojos apenas podrán mirarla. No tengas miedo. Este es el juego de tu propia mente, así que permanece en aquel supremo estado libre de toda actividad o cuidado en el que no hay cerca ni lejos, amor ni odio. Al mismo tiempo, junto con la luz de la sabiduría, la débil luz roja de los titanes brillará también sobre ti. Medita en que no hay diferencia entre amor y odio. Pero si tu inteligencia es débil, entonces simplemente no te sientas atraído por ella.

En estos momentos, bajo la influencia de una intensa envidia, te asustarás y escaparás de la aguda y brillante luz verde, sintiendo placer y atracción hacia la débil luz roja de las energías de los titanes.

No tengas miedo de la luz verde, aguda y brillante, luminosa y clara, sino que reconócela como a la sabiduría. Deja tu mente tranquila, relajada, en un estado de no-acción, y suplica con devoción: "Es el rayo luminoso de la gracia del bendito Amogha-Siddhi, tomaré refugio en él". Es el "anzuelo luminoso" de la gracia del Bendito Amogha-Siddhi, llamado la sabiduría que todo lo cumple. Confía en él. No huyas. Aunque intentes huir de él, te seguirá, pues es insepa-

60 Skandha.

rable de ti. No tengas miedo de él, que no te atraiga la débil luz roja de los titanes, pues es el atrayente camino del karma acumulado por tu intensa envidia. Si eres captado por ella, caerás en el reino de los titanes, y experimentarás increíbles sufrimientos, querellas y guerras. Es un obstáculo que obstruye el camino de la liberación. Que no te atraiga, abandona tus tendencias innatas. Confía en la luminosa y brillante luz verde, y di la siguiente plegaria con intensa concentración en el bendito Amogha-Siddi y su consorte:

Cuando debido a la intensa envidia
voy errante por el mundo fenoménico,
que en el luminoso camino de la sabiduría
que todo lo cumple,
pueda guiarme el bendito Amogha-Siddhi,
y que el divino principio femenino,
la fiel Tara, pueda seguirme;
que puedan ayudarme a cruzar
el peligroso camino del estado de transición y
conducirme al perfecto estado de iluminación.

Diciendo esta plegaria con gran devoción, te fundirás en el arcoíris del corazón del bendito Amogha-Siddhi y alcanzarás la iluminación en el estado de beatitud[61] del reino del norte, el de las acciones perfectas.

SEXTO DÍA

A través de la confrontación en cada fase, el difunto ha de-

61 Samboghakaya.

bido reconocerlas, por muy débil que haya sido su karma positivo. Sin embargo, a pesar de ser aquellas numerosas, hay quienes habituados a sus fuertes tendencias innatas durante largo tiempo, y al no haber estado nunca familiarizados con las puras visiones de las cinco sabidurías, son arrastrados por sus bajas inclinaciones. De esta forma, no son atraídos por el "luminoso anzuelo de la gracia" y, atemorizados y aterrorizados por los rayos y luces, caen errantes. Entonces, en el sexto día, las energías iluminadoras de los cinco órdenes[62] con sus consortes y divinidades acompañantes aparecerán simultáneamente, y al mismo tiempo también las luces de los seis reinos brillarán al unísono. En estos momentos, para guiar al difunto, hay que llamarle por su nombre y decirle las siguientes palabras:

> Oh, noble hijo, escucha sin distracción. Hasta ayer cada una de las energías divinas de los cinco órdenes se ha mostrado ante ti una tras otra y has tenido una confrontación con ellas, pero por influencia de tus bajas tendencias te has atemorizado, y has permanecido en el estado de transición hasta ahora.
>
> Si hubieras reconocido a las radiaciones de los cinco órdenes de sabiduría como a las proyecciones de tus propios pensamientos, habrías obtenido la iluminación en el estado de beatitud,[63] a través de la fusión en el arcoíris de uno de los cinco órdenes. No obstante, mira ahora sin distraerte las luces de los cinco órdenes, y las cuatro sabidurías unidas van a venir a recibirte. Reconócelas.

---

62 Los cinco órdenes están compuestos de las cinco familias búdicas descritas en los primeros cinco días.

63 Samboghakaya.

Oh, noble hijo, en este sexto día los cuatro colores del estado primordial de los cuatro elementos brillarán sobre ti simultáneamente. En estos momentos, del reino central de la fuerza proyectiva del círculo que todo lo abarca, la energía iluminadora de Vairocana, el divino principio masculino-femenino, y sus asistentes, brillarán sobre ti desde el reino del este, el de la Suprema Felicidad.

Del reino del sur, llamado El Glorioso, la energía iluminadora de Ratnasambhava, el divino principio masculino-femenino, y sus asistentes, brillarán sobre ti.

Del feliz reino del oeste, el de los Lotos, la energía iluminadora de Amitabha, el divino principio masculino-femenino, y sus asistentes brillarán sobre ti.

Del reino del norte, el de las Acciones Perfectas, la energía iluminadora de Amogha-Siddhi, el divino principio masculino-femenino, y sus asistentes brillarán en medio de un arcoíris sobre ti "el de la Boca en Llamas"; y el sabio de los mundos inferiores,[64] llamado el Rey de la Verdad.

Asimismo, aparecerán Samantabhadra y Samantabhadri, padre y madre de toda bondad, antepasados de todas las energías iluminadoras. Estas 42 deidades llenas de perfección, surgidas de tu corazón y producidas por tu puro amor, brillarán. Reconócelas.

Oh, noble hijo, estos reinos no vienen de fuera. Proceden de las cuatro dimensiones de tu corazón, que, comprendido el centro, forma las cinco direcciones. Surgen de tu corazón y brillan sobre ti.

Las imágenes tampoco vienen de parte exterior alguna, sino de ti mismo; existen desde toda la eterni-

64 Suras, Asuras, Nara, Trisan, Pretas y Hung.

dad en las facultades de tu mente. Reconócelas en su naturaleza.

Oh, noble hijo, la talla de todas estas imágenes no es ni grande ni pequeña, sino proporcionada. Cada una posee sus propios adornos, sus colores, sus actitudes, sus tronos y sus emblemas.

Estas deidades forman cinco parejas, cada una de las cuales está rodeada de un quíntuple círculo de radiaciones. El mandala[65] en su conjunto, las energías divinas masculinas y femeninas de las distintas familias, aparecerán en su totalidad al mismo tiempo. Reconócelas, pues son tus divinidades tutelares. Reconócelas como a tales.

Oh, noble hijo, del corazón de estas energías iluminadoras de los cinco órdenes, rayos de luz de las cuatro sabidurías brillarán sobre ti de forma muy fina y clara, como rayos de sol hilados, y atravesarán tu corazón. En primer lugar, la sabiduría de la gran matriz, blanco haz luminoso, radiante y aterrador, brillará en tu corazón desde el corazón de Vairocana. En este haz luminoso aparecerá un centelleante disco blanco, muy claro y brillante, como un espejo enfocado hacia abajo, adornado de cinco discos semejantes, adornados a su vez de otros discos y estos de otros discos aún más pequeños, sin poseer centro ni circunferencia.

Del corazón de Vajra-Sattva, en el luminoso haz azul del espejo de sabiduría, aparecerá un disco azul semejante a una copa de turquesas invertida, adornado de discos, y estos de otros más pequeños.

Del corazón de Ratnasambhava, en el luminoso haz amarillo de la sabiduría de la ecuanimidad, apa-

65 Mandala = cónclave de deidades.

recerá un disco amarillo semejante a una taza de oro invertida, adornado de discos y estos de otros más pequeños.

Del corazón de Amitabha, en el luminoso haz rojo de la sabiduría del discernimiento, aparecerá un centelleante disco rojo semejante a una taza de coral invertida, brillando con la profunda luz de la sabiduría, adornada de cinco discos semejantes a ella, y ornamentada de otros discos y estos de otros aún más pequeños, de modo que no posee centro ni circunferencia. Todas ellas brillarán simultáneamente en tu corazón.

Oh, noble hijo, todas estas radiaciones surgen del juego de tu propia mente. No vienen del exterior. No seas atraído por ellas, no seas débil ni tengas miedo. Relájate en un estado libre de todo pensamiento. En este estado todas las formas y radiaciones se fundirán en ti y alcanzarás la iluminación.

Oh, noble hijo, la luz verde de la sabiduría de las acciones perfectas no aparecerá, pues la energía de tu intelecto no ha madurado por completo.

Oh, noble hijo, estas vías de luz son llamadas las luces de las cuatro sabidurías unidas, el camino interior que atraviesa Vajra-Sattva.

En estos momentos debes acordarte de la confrontación que te mostró tu Maestro. Si te has acordado del sentido de esta, habrás reconocido todas las luces que han brillado sobre ti como al reflejo de tu propia luz interior, al igual que cuando una madre encuentra a su hijo o como a viejos amigos.

Y, fuera de toda duda, reconociéndolas como a tus propias proyecciones, entrarás en la naturaleza pura y sin cambio de la realidad trascendental. Y, a través de esta confianza, brotará en ti la tranquila onda del samadhi,[66] te disolverás en la gran forma auto existente de la sabiduría y alcanzarás la iluminación en el estado de beatitud, del que no hay retorno.

Oh, noble hijo, junto a las radiaciones de la sabiduría, los impuros e ilusorios resplandores de los seis reinos brillarán también: el tenue resplandor blanco de los dioses, el tenue resplandor rojo de los titanes, el débil resplandor azul de los seres humanos, el débil resplandor verde de los animales, el débil resplandor amarillo de los espíritus hambrientos y un débil resplandor gris humo de los seres de las tinieblas.

Estos seis resplandores brillarán junto con las luces de la pura sabiduría. No sientas rechazo ni atracción por ninguno de ellos, sino que permanece relajado y libre de todo pensamiento.

Si te dejas asustar por las radiaciones de la sabiduría y atraer por los impuros resplandores de los seis reinos, tomarás el cuerpo de una de sus criaturas y crecerás abrumado, pues no hay escape del gran océano de miserias del mundo fenoménico.

Oh, noble hijo, si no has merecido la instrucción de un Maestro, tendrás miedo de las radiaciones de la sabiduría y de las energías divinas que verás. Y, asustado, te sentirás atraído hacia los impuros objetos del mundo fenoménico. No actúes así. Confía en la pura y resplandeciente radiación de la sabiduría. Y piensa con devoción: "Los rayos de luz de la sabiduría y compasión de los cinco órdenes de energías iluminadoras han venido hasta mí por piedad. Tomaré refugio en ellos".

66 Samadhi. Ver Glosario.

No seas atraído por las luces de los seis reinos de la ilusión, sino que di la siguiente plegaria con una intensa concentración en las energías iluminadoras de los cinco órdenes:

Cuando por los cinco venenos
voy errante en el mundo fenoménico,
que en el luminoso camino
de las cuatro sabidurías unidas
puedan guiarme los cinco conquistadores victoriosos,
y que puedan los cinco órdenes divinos
de los principios femeninos seguirme;
que pueda ser salvado
de los resplandores de los seis reinos impuros,
y me ayuden a cruzar
el peligroso camino del estado de transición,
conduciéndome a los cinco reinos
de la pura iluminación.

Diciendo esta plegaria, el hombre superior reconoce sus propias proyecciones y su propia luz interior y, fundiéndose en la no-dualidad, llega al estado de iluminación. El hombre corriente, por su parte, se reconoce a sí mismo a través de una intensa devoción, y alcanza así la liberación. E incluso el hombre inferior, por la fuerza de una plegaria pura, puede cerrar las puertas de la reencarnación en los seis reinos y, comprendiendo el verdadero sentido de las cuatro sabidurías unidas, obtener el estado de iluminación a través de la vía de Vajra-Sattva.

Así, a través de esta detallada confrontación, quienes están destinados a la liberación, llegarán a conocer la verdad y muchos alcanzarán aquella.

Pero algunos, como personas inferiores, cargados pesadamente de karma negativo, que no han experimentado nunca el verdadero camino, y algunos de aquellos que han faltado a sus votos, debido al peso de las ilusiones kármicas, no reconocerán la confrontación (con la verdadera realidad) e irán descendiendo errantes.

SÉPTIMO DÍA

En el séptimo día, las energías divinas que detentan el saber[67] vendrán del Reino Puro del Espacio, para recibir al difunto. Al mismo tiempo, la luz procedente del mundo animal, creado por las pasiones cegadoras de la ignorancia, también vendrá a recibirle.[68]

Para esta confrontación hay que llamar al difunto por su nombre y decirle las siguientes palabras:

> Oh, noble hijo, escucha sin distracción. En el séptimo día, una luz pura y de muchos colores de los instintos purificados brillará, y las energías divinas que

---

67 Las apariencias divinas de la paz están asociadas con el corazón y las de la cólera con el cerebro. El habla es el medio de comunicación entre ambas, el cual está representado por los vidyadharas. Vidyadhara significa poseedor del conocimiento o la visión. Al mismo tiempo, aparece la luz roja del reino animal, que simboliza ignorancia. Ver Glosario.

68 Al igual que los átomos físicos de un cuerpo humano, desprovisto de vida, se separan gradualmente volviendo cada uno a su lugar apropiado como gases, líquidos o sólidos, así, después de la muerte, viene una dispersión gradual de los átomos psíquicos o mentales del cuerpo-pensamiento del estado de transición, yendo cada tendencia, regida por sus afinidades kármicas, inevitablemente hacia el medio que le es apropiado. Por tanto, como el texto sugiere, la pasión animal de la ignorancia tiene tendencia natural a volver hacia el reino animal y encarnarse en él como una parte desintegrada de la mentalidad del difunto.

detentan el saber vendrán del Reino Puro del Espacio a recibirte.

En el centro del círculo, en medio de un arcoíris, el Supremo Detentador del Saber, el Loto Señor de la Danza, que madura los frutos del karma, radiante en sus cinco colores, enlazado por el principio femenino, la Dakini[69] roja, con un cuchillo curvado y un cráneo lleno de sangre, danzando y haciendo el mudra[70] de fascinación con su mano derecha levantada, brillará ante ti.

Al este del círculo, la energía divina llamada el Posesor del saber, que mora sobre la Tierra, de color blanco, con expresión de sonrisa radiante, enlazado por el principio femenino, la Dakini blanca, llevando un cuchillo curvado y un cráneo lleno de sangre, bailando y haciendo el mudra de la fascinación, brillará.

Al sur del círculo, la energía divina detentadora del saber, llamada el Señor de la Vida, de color amarillo, sonriendo y radiante, abrazado por el principio femenino, la Dakini amarilla, sosteniendo un cuchillo curvado y un cráneo lleno de sangre, bailando y haciendo el mudra de fascinación, brillará.

Al oeste del círculo, la energía divina llamada Aquel que detenta el saber del gran símbolo, de color rojo, sonriente y radiante, abrazado por el principio femenino, la Dakini roja, sosteniendo una hoz y un cráneo lleno de sangre, bailando y haciendo el mudra de fascinación, brillará.

69 Dakinis. Ver Glosario.

70 Mudra*:* señal o gesto místico que se hace con las manos. Estos gestos poseen un cierto poder, como por ejemplo cambiar las corrientes magnéticas del cuerpo. El mudra de fascinación se hace con la mano derecha juntando el dedo anular con el dedo gordo, levantados el índice y el meñique, y el dedo del corazón plegado sobre la palma de la mano.

Al norte del círculo, la energía divina llamada Aquel que detenta el saber innato, de color verde, con una expresión medio enfadada, medio sonriente, radiante, enlazado por el principio femenino, la Dakini verde, sosteniendo un cuchillo curvado y un cráneo lleno de sangre, bailando y haciendo el mudra de fascinación, brillará.

Más allá de estos detentadores del saber, aparecerán innumerables bandas de dakinis: dakinis de los ocho lugares de cremación, dakinis de las cuatro familias, dakinis de los tres mundos, dakinis de las diez direcciones, dakinis de los veinticuatro lugares de peregrinaje; así como guerreros y sirvientes masculinos y femeninos y todos los protectores masculinos y femeninos de la Ley, vestidos con los seis adornos de huesos, llevando tambores y trompetas de fémures, tamboriles de cráneos humanos, estandartes gigantescos, diríase que hechos de piel humana, dados y emblemas también de piel humana, haciendo humear incienso con grasa humana, tocando innumerables tipos de instrumentos de música que llenan todos los sistemas del mundo de modo que vibran, se mueven y tiemblan a través de sonidos tan poderosos que aturden el cerebro, y bailando distintos ritmos, irán a recibir al fiel y castigar al infiel.

Oh, noble hijo, cinco radiaciones con el color del saber innato que constituyen las tendencias purificadas, vibrantes, resplandecientes como hilos de colores, parecidas a relámpagos, radiantes, transparentes, magníficas y aterradoras surgirán del corazón de las cinco energías divinas, principales detentadoras del saber, y atravesarán tu corazón. Estas serán tan brillantes que tu vista apenas podrá soportarlas.

Al mismo tiempo, el tenue resplandor verdoso del mundo animal brillará junto con la luz de la sabiduría. En estos momentos, bajo la influencia confusa de tus tendencias innatas, tendrás miedo y escaparás de la luz de cinco colores, y serás atraído por el tenue resplandor de los animales. No tengas miedo de la brillante y aguda luz de cinco colores. No la temas. Reconócela como a la sabiduría.

Del interior de la luz, el sonido natural de la realidad repercutirá como miles de truenos. Este retumbará y resonará en medio de alaridos de guerra y el penetrante sonido de los mantras[71] amenazadores. No tengas miedo, no escapes. No te aterrorices. Reconócelos como las propias proyecciones de tu mente. No seas atraído por el tenue resplandor verdoso del mundo animal. No seas débil. Si eres atraído, caerás en el mundo animal de la ignorancia, y experimentarás el enorme sufrimiento de la estupidez, el mutismo y la esclavitud, del que es muy difícil escapar. No seas atraído por él. Confía en la brillante y radiante luz de cinco colores y concéntrate en las energías divinas conquistadoras y detentadoras del saber. Piensa únicamente en esto: "Las energías divinas que detentan el saber, los héroes y las dakinis han venido a invitarme al Reino Puro del Espacio. A todos ellos les dirijo mis súplicas. Hasta este día, aunque los cinco órdenes de energías iluminadoras de los tres tiempos hayan hecho el esfuerzo de enviar los rayos de su gracia y compasión, no he sido salvado por ellos. ¡Ay de mí! Que las energías divinas detentadoras del saber no me dejen seguir descendiendo, sino que me agarren con el

71 Mantra. Ver Glosario.

anzuelo de su gracia y me conduzcan al Reino Puro del Espacio". Y con intensa concentración recita esta plegaria:

Que las energías divinas
detentadoras del saber me escuchen,
y que por su gran amor me conduzcan en el camino.
Cuando por mis fuertes tendencias
voy errante en el mundo fenoménico,
que en el luminoso camino de la luz del saber innato,
puedan las energías divinas
detentadoras del saber y los héroes guiarme,
y que los principios femeninos,
las dakinis, puedan seguirme,
que me ayuden a cruzar
el peligroso camino del estado de transición,
y conducirme al Reino Puro del Espacio.

Recitando esta plegaria con devoción, el difunto se fundirá en el arcoíris del corazón de las energías divinas del saber y nacerá en el Reino Puro del Espacio, de ello no hay duda.

Los hermanos espirituales de todo tipo, que lleguen a esta fase, obtendrán también la liberación, e incluso aquellos de tendencias malignas, ciertamente, serán liberados.

Aquí termina la primera parte de "La gran liberación por la audición" concerniente a la confrontación con la luz durante el estado de transición de los momentos de la muerte[72] y durante el pacífico estado de transición de confrontación con la realidad trascendental.[73]

72 *Chönyid Bardo.*
73 *Chikhai Bardo.*

Representación tradicional del Bardo Thödol: las deidades pacíficas e iracundas guían al alma en su tránsito. La unión divina simboliza la iluminación última más allá de la muerte y el renacimiento.

Thangka tibetano de deidades iracundas: símbolo del ciclo de muerte y renacimiento. El fuego purifica, la danza divina representa la disolución del ego y el camino hacia la liberación final.

Thangka tibetano de Yama, Señor de la Muerte. Representa la impermanencia y el juicio tras la muerte. Su aspecto feroz simboliza la destrucción del ego y la liberación del samsara.

Thangka de Vairocana, Buda de la Luz Infinita, símbolo de la sabiduría trascendente. Representa la mente iluminada que disipa la ignorancia y revela la unidad esencial de todos los seres.

Thangka de Heruka Chakrasamvara abrazado a su consorte Vajravarahi. Unión de sabiduría y compasión. Su danza sobre la ignorancia simboliza la transformación de la energía mundana en iluminación.

Thangka del Buda Shakyamuni, maestro histórico del budismo. Rodeado de escenas de su vida y enseñanzas, representa la compasión y la posibilidad del despertar espiritual para todos los seres.

Retrato de un lama tibetano de la tradición Kadampa. Su gesto de enseñanza y túnica roja simbolizan la transmisión del conocimiento y la continuidad del linaje monástico budista temprano.

Representación del "cuerpo arcoíris", estado de realización final en el budismo tibetano. El practicante disuelve su forma física en luz pura, símbolo de la completa liberación y unión con la vacuidad.

Damaru tibetano, pequeño tambor ritual usado en ceremonias tántricas y recitación del Bardo Thödol. Su sonido simboliza la unión de lo masculino y femenino, disolviendo dualidades mentales.

Thangka dorado de Buda Shakyamuni. El oro simboliza la iluminación perfecta y la pureza mental. Representa la superación del sufrimiento mediante la sabiduría y la compasión.

Mandala tibetano de Kalachakra, símbolo del tiempo y la sabiduría universal. Su estructura concéntrica representa el cosmos y el camino interior hacia la iluminación mediante la meditación y el equilibrio.

Rueda de la vida tibetana (Bhavachakra). Ilustra el ciclo del samsara: nacimiento, muerte y renacimiento. Sostenida por Yama, enseña las causas del sufrimiento y el camino hacia la liberación.

Avalokiteśvara de mil brazos, manifestación suprema de la compasión. Cada ojo y mano simboliza la atención y ayuda universal del bodhisattva hacia todos los seres atrapados en el ciclo del sufrimiento.

Tara Verde, bodhisattva femenina de la compasión activa. Su color simboliza vitalidad y protección. Representa la energía que disipa el miedo y guía al practicante hacia la iluminación.

Tara Blanca, emanación pacífica de la compasión. Su postura meditativa y flor de loto simbolizan pureza y serenidad. Se invoca para superar enfermedades, prolongar la vida y alcanzar sabiduría.

Escultura de Yama, deidad tibetana de la muerte, montado sobre un búfalo. Representa la impermanencia y el juicio del alma tras la muerte, guardianes del orden kármico y moral.

EL ALBA DE LAS DIVINAS APARIENCIAS DE LA CÓLERA[74] DEL OCTAVO AL DECIMOCUARTO DÍA

INTRODUCCIÓN

Hasta ahora ha habido siete fases en el peligroso camino del estado de transición de las divinas apariencias de la paz y, si el reconocimiento no se ha realizado en una confrontación, puede hacerse en otra, existiendo ilimitadas oportunidades para alcanzar la liberación. Pero, aunque muchos se liberan así, el número de seres sensibles es grande, el karma negativo es muy fuerte, los velos de la oscuridad son pesados y densos, y las tendencias innatas han sido mantenidas durante demasiado tiempo, por lo que el ciclo de la ignorancia y la ilusión continúa girando sin interrupción. Así, hay muchos que no son liberados, y siguen descendiendo errantes, aunque hayan recibido una atenta confrontación.

En consecuencia, tras el encuentro con las apariencias divinas de la paz y detentadoras del saber, aparecerán las cincuenta y ocho apariencias divinas de la cólera, rodeadas de llamas y bebedoras de sangre, que no son más que otro aspecto de las divinas apariencias de la paz. Estas, según el lugar que ocupe en el cuerpo bárdico del difunto (el centro psíquico que las emite), aparecerán bajo distintas formas.

---

74 Ver nota 35. Las energías divinas de la paz representan miedo. Miedo en el sentido de irritación, porque el ego no puede manipularlas de ninguna forma, son invencibles y nunca retroceden. Por su parte, las energías de la cólera significan una situación creativa perpetua, una energía básica neutral que sigue su curso continuo, no siendo ni buena ni mala. La situación puede parecer abrumadora, fuera del propio control, pero realmente no es cuestión ni de controlar ni de ser controlado. La reacción que producen en general es el pánico.

Este es el estado de transición de las divinas apariencias de la cólera y, como estas están influenciadas por el miedo, el temor y el terror, el reconocimiento se vuelve más difícil, pues la mente no posee autocontrol y pasa del desfallecimiento al desmayo. No obstante, si existe el más pequeño reconocimiento, la liberación es fácil, pues, debido al miedo irresistible, la mente no tiene tiempo de distraerse y se encuentra en un gran estado de concentración.

Si en estos momentos no se tiene este tipo de enseñanza, aunque se poseyeran conocimientos religiosos vastos como el océano, no servirían de nada. Incluso existen monjes observadores de la regla o doctores en metafísica que, confundidos, no reconocen la luz en esta fase y van errantes por el mundo fenoménico.

Y ¿qué decir entonces de las personas corrientes? Huyendo por el miedo, el temor y el terror, caen en los abismos inferiores y en el sufrimiento. Sin embargo, incluso el último de los yoguis tántricos[75] reconocerá a las energías divinas bebedoras de sangre como a sus divinidades tutelares en cuanto las vea, al igual que si encontrara a viejos amigos. Y, al confiar en ellas, se fundirán inseparablemente y alcanzará el estado de iluminación. El secreto estriba en que ya en el mundo humano visualizó las formas de estas energías divinas bebedoras de sangre y las veneró, e, incluso aunque solo hubiera visto sus imágenes en pinturas y figuras tridimensionales, reconocerá las formas que aparezcan entonces y alcanzará la liberación. Sin embargo, por muy observadores que los monjes fueran de la regla y prácticas religiosas, por muy inteligentes que los doctores en metafísica fueran al predicar las Escrituras en el mundo humano, a su muerte no se producirán signos o fenómenos tales como el arcoíris o reliquias de cenizas.

75 Yoguis tántricos: adeptos de la meditación tántrica, es decir la visualización de deidades.

Ello se debe a que cuando estaban vivos nunca vivieron en su corazón las doctrinas místicas, aunque hablaran ostentosamente de ellas y, como nunca vieron a las energías divinas de las doctrinas místicas, cuando estas aparecen en el estado de transición no las reconocen. Al ver de pronto lo que no habían visto antes, esta visión les es antipática, y este sentimiento de rechazo les hace pasar a estados dolorosos de existencia.

Esta es la razón por la que, por muy buenos filósofos y observadores de la regla que fueran, como no experimentaron de forma real las doctrinas místicas, signos tales como el arcoíris y las reliquias de huesos o los huesos en forma de grano no aparecen en su caso (en la pira funeraria).

Pero incluso el último de los que en vida experimentara este conocimiento tántrico, aunque fuera de maneras poco refinadas, poco diligentes y sin tacto, inculto y de vestir ordinario, no viviera en concordancia con su experiencia mística y fuera incapaz de haberla realizado en su totalidad, únicamente por el hecho de haber confiado, sin duda alguna, en estas prácticas esotéricas,[76] obtendrá la liberación en esta fase. E incluso si sus actos no han sido del todo correctos en el mundo humano, a su muerte aparecerá al menos algún signo como el del arcoíris o las reliquias de huesos. Ello se debe a que esta enseñanza posee un enorme poder.

Aquellos seguidores de la enseñanza tántrica de desarrollo espiritual medio, que han meditado en dichas visiones y experimentado los mantras en su corazón, no vagarán errantes por el estado de transición de la Gran Realidad. En cuanto su respiración cese, los héroes, dakinis y detentadores del saber lo invitarán al Reino Puro del Espacio. Como signo de ello, el cielo aparecerá sin nubes y se fundirá en un arcoíris, la tierra se inundará de sol, se olerá a incienso y se oirá la música de los

76 Tantras.

cielos, se verán resplandores y se encontrarán reliquias de huesos (en sus cenizas): estos son los signos.

Así, pues, para los abates, doctores y místicos que han degenerado en su práctica de meditación, y para la gente ordinaria "La gran liberación por la audición" es indispensable. Pero aquellos que han meditado en la energía perfecta (la Gran Perfección) y en los principios energéticos divinos masculinos y femeninos (el Gran Símbolo)[77] reconocerán la Luz Primordial en el momento de su muerte, alcanzando la Gran Realidad,[78] y serán de aquellos para los que la lectura de este *Thödol* no es necesaria. Los que reconozcan a las divinas apariencias de la paz y de la cólera durante la confrontación con la realidad trascendental[79] obtendrán el estado de beatitud.[80]

Y los que realicen el reconocimiento durante la búsqueda del renacimiento[81] obtendrán el cuerpo de transformación[82]. Estos renacerán a continuación en un nivel más alto, y en esa próxima reencarnación volverán a encontrar este conocimiento y disfrutarán de la continuación del karma.[83]

---

77 Ver nota 22.

78 Dharmakaya.

79 *Chönyid Bardo.*

80 Samboghakaya.

81 *Sidpa Bardo.*

82 Nirmanakaya.

83 Si la realidad es reconocida en cuanto aparece, si el Durmiente de la existencia sangsarica se despierta en el estado divino del Samboghakaya, durante el *Chönyid Bardo*, el cielo normal del renacimiento se interrumpe. Y, si este ser despertado vuelve al mundo humano por su propia voluntad y conscientemente como una encarnación divina, es para trabajar en favor de la elevación de la humanidad. Si el reconocimiento no tiene lugar hasta el *Sidpa Bardo* (estado de transición del renacimiento), se alcanza únicamente el Nirmanakaya, despertar parcial, realización nebulosa de la realidad, pues el *Sidpa Bardo* es un nivel muy inferior al *Chönyid Bardo*. Pero incluso ahí puede ganarse, al menos, el don de un

Por ello, "La gran liberación por la audición" es una enseñanza que ilumina sin meditación, una enseñanza que libera simplemente por su audición, una enseñanza que conduce a los seres cargados de karma negativo al oculto sendero, una enseñanza que aparta la ignorancia en un momento, una profunda enseñanza que confiere la perfecta e instantánea iluminación, de forma que los seres sensibles a los que ha llegado no pueden caer en existencias inferiores. Esta doctrina y la del *Tahdol*[84] combinadas son como un mandala de oro incrustado de turquesas.

Ahora que la gran necesidad de este *Thödol* ha sido demostrada, viene la confrontación con las apariencias divinas de la cólera en el estado de transición.

OCTAVO DÍA

Llamando al difunto por su nombre hay que decirle las siguientes palabras:

> Oh, noble hijo, escucha sin distracción: no habiendo sido capaz de reconocer a las divinas apariencias de la paz que han brillado sobre ti en el estado de

---

renacimiento espiritualmente iluminado en uno de los niveles más altos. Devaloka, Asuraloka o nivel humano. Si ha nacido en el mundo humano, disfrutará de las tendencias adquiridas en la vida precedente, y volverá a encontrar el estudio de las doctrinas místicas y prácticas yoguis en el mimo punto en que las había dejado a su muerte, lo que significa la continuación del karma.

84 *Tahdol:* pequeña obra tibetana consistente en su totalidad en mantras, utilizadas como acompañamiento al *Bardo Thödol.* Estos mantras constituyen poderosos talismanes para el difunto en su paso a través del bardo y para un feliz renacimiento. Muy a menudo se ata una copia al cuerpo del difunto, siendo quemada junto a él.

transición precedente, has venido errante hasta aquí. Ahora, en el octavo día, las divinas apariencias de la cólera, bebedoras de sangre, brillarán ante ti. No te distraigas y reconócelas.

Oh, noble hijo, la grande y gloriosa energía iluminadora[85] Heruka,[86] surgirá de tu propio cerebro y aparecerá ante ti de forma clara y vívida con su cuerpo de color marrón oscuro y tres cabezas, seis brazos y cuatro piernas ampliamente separadas; la cara de la derecha es blanca, la de la izquierda roja y la del centro marrón oscuro; su cuerpo llamea como un haz luminoso, sus nueve ojos grandes y abiertos miran fija y terriblemente, sus cejas son como relámpagos de luz y sus dientes fulguran como el cobre, al mismo tiempo que profiere gritos sonoros y penetrantes silbidos; sus cabellos de color amarillo-rojizo y erizados lanzan rayos; sus cabezas están adornadas de cráneos disecados y del sol y la luna; negras serpientes y cabezas recién cortadas forman una guirnalda alrededor de su cuerpo; la primera mano de la derecha sostiene una rueda, la del medio una espada y la última un hacha guerrera; la primera mano izquierda sostiene una campana, la del medio un escalpelo humano y la úl-

85 Energía iluminadora = Buda.

86 En estos momentos, los principios de las cinco familias (apariencias divinas de la paz) se transforman en los Herukas y sus consortes. Las cualidades básicas de aquellos continúan, pero expresadas ahora en una forma dramática y teatral; es más la energía en sí de Vajra, Padna, etcétera, que sus cualidades básicas. Los Herukas representan la exuberancia de la energía, el tremendo poder del estado de la paz manifestado como cólera. Este es descrito como furia compasiva, furia sin odio. Los Herukas poseen tres cabezas y seis brazos, que, simbólicamente, significan el poder de transmutación.

tima un arado; su cuerpo se encuentra enlazado por el principio femenino de iluminación Krostishaurima que, con la mano derecha abraza su cuello y con la izquierda le lleva a la boca una concha llena de sangre, mientras que él lanza aullidos estrepitosos, gritos desgarradores y bramidos como el trueno. Llamaradas de sabiduría emanan de ambas deidades, que brillantes surgen de sus poros, conteniendo cada una un dorje de fuego. Ambas se encuentran sentadas en un trono sostenido por garudas[87] con una pierna doblada y la otra estirada. No temas, no te aterrorices. Reconócelas como a una forma de tu propia mente. Es tu divinidad tutelar, no tengas miedo. En realidad, es el bendito principio masculino-femenino de Vairocana. En el momento mismo en que lo reconozcas, alcanzarás la liberación en el estado de beatitud.[88]

NOVENO DÍA

Pero, si el difunto aterrorizado escapa y no lo reconoce, en el noveno día las apariencias divinas bebedoras de sangre del orden de Vajra vendrán a recibirlo. La confrontación se hace llamando al difunto por su nombre, y diciéndole las siguientes palabras:

Oh, noble hijo, escucha sin distracción. En el noveno día, la manifestación bebedora de sangre del orden de Vajra, llamada el bendito Vajra-Heruka, surgirá de la parte este de tu cerebro y aparecerá ante ti: su cuerpo es de color azul oscuro, con tres cabezas,

87 Garuda = Ver Glosario.

88 Sambhogakaya.

seis brazos y cuatro piernas ampliamente separadas; la cara derecha es blanca, la izquierda roja y la central azul; en la primera mano derecha lleva un dorje, en la del medio un escalpelo, en la última un hacha; en la primera mano izquierda una campana, en la del centro un escalpelo, en la última una reja de arado; su cuerpo está enlazado por el principio femenino Vajra-Krostishaurima, que le abraza por el cuello con la mano derecha, y con la mano izquierda le lleva a la boca una concha llena de sangre.

No temas. No te aterrorices. Reconócelos como a una forma de tu propia mente. Son tus divinidades tutelares, no tengas miedo. Constituyen, en realidad, el bendito principio masculino-femenino de Vajra-Sattva. Ten devoción. Reconócelos e inmediatamente obtendrás la liberación. Así, proclamándolos y reconociéndolos como a tus divinidades tutelares, fundiéndote en ellos, alcanzarás el estado de iluminación.

Décimo día

Pero si el difunto, debido a una gran oscuridad kármica, tiene miedo y escapa y no logra así el reconocimiento, entonces, en el décimo día, la manifestación bebedora de sangre del orden de Ratna vendrá a recibirlo. Para esta nueva confrontación hay que llamar al muerto por su nombre y decirle las siguientes palabras:

Oh, noble hijo, escucha sin distracción, en el décimo día la manifestación bebedora de sangre del orden de Ratna, llamada el bendito Ratna-Heruka, aparecerá ante ti de la parte sur de tu cerebro. Su cuerpo es de color amarillo oscuro, con tres cabezas, seis brazos y cuatro piernas, ampliamente abiertas; la cara derecha es blanca, la izquierda roja y la del centro amarilla oscura, rodeadas de llamas; en la primera mano de la derecha sostiene una piedra preciosa, en la del medio un tridente y en la última un bastón; en la primera mano de la izquierda una campana, en la del medio un escalpelo y en la última un tridente; su cuerpo está enlazado por el principio femenino Ratna-Krostishaurima, que le abraza por el cuello con la mano derecha y con la izquierda le lleva una concha llena de sangre a la boca. No tengas miedo. No te aterrorices. No temas. Reconócelo como una forma de tu propia mente. Él es tu divinidad tutelar, no temas. Él es, realmente, el principio masculino-femenino del bendito Ratnasambhava, confía en él. Al reconocerlos obtendrás al mismo tiempo la liberación. Al proclamarlos como tales y reconocerlos como a tus divinidades tutelares, fundiéndote en ellos, alcanzarás el estado de iluminación en el mismo instante.

DECIMOPRIMER DÍA

A pesar de esta confrontación, si el difunto, debido a sus tendencias negativas, tiene miedo y escapa, y no reconoce a sus divinidades tutelares, el decimoprimer día, la manifestación bebedora de sangre de la orden del loto vendrá a recibirlo. La confrontación se hace llamando al difunto por su nombre con las siguientes palabras:

Oh, noble hijo, escucha sin distracción. En el

decimoprimer día, la manifestación bebedora de sangre de la orden del loto, llamada el bendito Padma-Heruka, surgirá de la parte oeste de tu cerebro y aparecerá ante ti de forma clara. Su cuerpo es de color rojo oscuro, con tres cabezas, seis brazos y cuatro piernas ampliamente separadas. La cara derecha es blanca, la izquierda azul y la del centro rojo-oscura; en la primera mano de la derecha lleva un loto, en la del medio un tridente y en la tercera una maza; en la primera mano de la izquierda una campana, en la del centro un escalpelo lleno de sangre y en la última un pequeño tambor; su cuerpo está enlazado por el principio femenino Padma-Krotishaurima, que lo enlaza por el cuello con la mano derecha y le ofrece con la izquierda una concha llena de sangre. No tengas miedo. No te aterrorices. No temas. Alégrate y reconócelo como a una forma de tu propia mente. Es tu divinidad tutelar, no tengas miedo, no te asustes. Él es, realmente, el bendito principio masculino femenino de Amitabha. Confía en él. Al mismo tiempo que lo reconozcas, alcanzarás la liberación. Considerándolos como a tus divinidades tutelares, instantáneamente te fundirás en ellos y obtendrás el estado de iluminación.

Decimosegundo día

Pero, si incluso tras esta confrontación, el difunto es una vez más arrastrado hacia atrás por sus tendencias, y tiene miedo y escapa, no reconociendo así a su divinidad tutelar, entonces en el decimosegundo día las apariencias divinas bebedoras de sangre del orden kármico, acompañadas por las Kerima, Htamenma y Yoguinis,[89] vendrán a recibir al difunto. Si no las reconoce tendrá miedo, y de nuevo habrá que hacer la confrontación llamando al difunto por su nombre y diciéndole las siguientes palabras:

> Oh, noble hijo, escucha sin distracción. Al llegar el decimosegundo día, la manifestación bebedora de sangre del orden kármico, llamada el bendito Karma-Heruka, surgirá de la parte norte de tu cerebro y

---

89 Estos tres órdenes de deidades son diosas indias y tibetanas en su origen; las Kerima poseen forma humana, las Htamenma y las Yoguinis poseen cuerpos humanos y cabezas de animales. Cada deidad simboliza un impulso kármico, concreto o tendencia, que aparece como alucinaciones en la consciencia del difunto durante el estado de transición. Las Kerimas constituyen otro tipo de energía de la cólera. Los cinco Herukas son la existencia de la energía tal cual es, mientras que las Kerimas constituyen la activación de la energía. La Kerima blanca baila sobre un cadáver, su tarea es la de extinguir el proceso mental, por lo que esgrime un cadáver de niño como mazo. Generalmente el cadáver simboliza el fundamental y neutral estado del ser; un cuerpo sin vida es un estado sin pensamientos, buenos o malos, un estado no-dualístico de la mente. La diosa amarilla sostiene un arco y una flecha, pues realiza la unidad del pensamiento práctico y el conocimiento. La Kerima roja lleva el estandarte de la victoria hecho con la piel de un monstruo marino. El monstruo marino simboliza el principio del mundo fenoménico, significando con ello que este no es rechazado sino aceptado tal cual es. En el norte, la Petali negra sostiene un Vajra y un cráneo como copa, significando la inamovible cualidad de la realidad. Es decir que cada figura cumple la función de una particular energía. La función de las Kerimas es el hacer de lazo de unión entre el cuerpo y la mente. La mente, en este caso, es la inteligencia, y el cuerpo la impulsividad. Al intervenir las Kerimas entre la inteligencia y la acción, cortan la continuidad de la autoconservación del ego; esta es su cualidad colérica. Transmutan la energía destructiva en energía creativa. Es decir, que la fuerza impulsiva que existe tras el pánico o cualquier acción es transmutada.

aparecerá ante ti de forma clara. Su cuerpo es de color verde oscuro, con tres cabezas, seis brazos y cuatro piernas ampliamente separadas; la cara de la derecha es blanca, la izquierda roja, y la central verde oscura y de apariencia majestuosa; en la primera de sus seis manos sostiene una espada, en la del centro un tridente y en la última una maza; en la primera mano de la izquierda una campana, en la del centro un escalpelo y en la última una reja de arado; su cuerpo es enlazado por el principio femenino Karma-Krotishaurima, que lo abraza por el cuello con la mano derecha y con la izquierda le lleva una concha llena de sangre a la boca.

No tengas miedo, no te aterrorices, no temas. Reconócelo como a una forma de tu propia mente. Es tu divinidad tutelar, no tengas miedo. Él es en realidad el bendito principio masculino femenino de Amogha-Siddhi. Confía en él. Al mismo tiempo que el reconocimiento viene la liberación. Por este reconocimiento, y viéndolos como a tus divinidades tutelares, te fundirás en ellos inmediatamente y alcanzarás el estado de iluminación.

A través de las enseñanzas de su Maestro, el difunto las reconocerá como a sus propias proyecciones, el juego de su mente, y alcanzará la liberación. Al igual, por ejemplo, que una persona que ve una piel de león y la reconoce como tal se ve libre del miedo; porque, aunque no sea más que la piel de un león, si no se da cuenta, el miedo lo sobrecoge y persiste hasta que se le dice: "No es más que un león disecado", con lo cual pierde el temor. También aquí él se sentirá aterrorizado cuando las apariencias divinas bebedoras de sangre aparezcan con sus enormes cuerpos y gruesos miembros llenando todo el espacio, pero, en cuanto reciba esta confrontación, las reconocerá como a sus propias proyecciones o divinidades tutelares. Así, cuando la brillante luz, en la que antes meditó, y la brillante luz secundaria (la brillante luz de descendencia)[90] que aparecerá más tarde, cuando ambas surgen juntas como dos seres íntimamente ligados, brillando inseparablemente, entonces la propia luz de la liberación surge espontáneamente también ante su mente y, habiendo obtenido la iluminación por sí mismo y habiendo adquirido el conocimiento por sí mismo, es así liberado.

DECIMOTERCER DÍA

Si esta confrontación no ha sido recibida, incluso las personas evolucionadas retrocederán aquí y vagarán errantes por el mundo fenoménico. Entonces las ocho de la cólera, las Kerimas y las Htamenmas, con cabezas de animales, surgirán de su propio cerebro y aparecerán ante él. De forma que, una vez más, hay que hacer la confrontación llamando a la persona por su nombre y decirle las siguientes palabras:

> Oh, noble hijo, escucha sin distracción. En el decimotercer día, las ocho Kerimas, surgirán de tu cerebro y brillarán ante ti. No temas. Del este de tu cerebro, la Kerima Blanca, con un cuerpo humano con una maza en la mano derecha y en la mano izquierda un escalpelo lleno de sangre brillará ante ti. No temas. Del sur, la Tseurima Amarilla, con un arco tendido y una flecha a punto de tiro; del oeste, la Pramoha Roja, con

90 Ver nota 31.

un makara[91]; del norte, la Petali negra con un dorje y un escalpelo lleno de sangre; del sureste, la Pukkas Roja, con intestinos en la mano derecha llevándoselos a la boca con la mano izquierda; del suroeste, la Ghasmari Verde-Oscura, en la mano izquierda sosteniendo un escalpelo lleno de sangre que remueve con un dorje en la mano derecha, y bebiendo esta sangre con placer majestuoso; del noroeste la Tsandhali Blanco-Amarilla, arrancando la cabeza de un cuerpo, la mano derecha sosteniendo el corazón y la izquierda llevándose a la boca el cuerpo que devora; del nordeste la Smasha Azul-Oscura, arrancando la cabeza de un cuerpo y comiéndosela. Estas ocho Kerimas de las moradas (u ocho direcciones), rodeadas de los cinco principios masculinos bebedores de sangre, surgirán de tu cerebro y brillarán ante ti. No los temas.

Oh, noble hijo, escucha sin distracción. Después de ellas, las ocho Htamenmas, de las (ocho) Regiones Sagradas (el cerebro) brillarán ante ti: del este, la Marrón-Oscura de cabeza de león, las manos cruzadas sobre el pecho, con un cuerpo en su boca y sacudiendo la cabellera; del sur, la Roja de cabeza de tigre, las manos cruzadas hacia la tierra, mostrando sus colmillos en una mueca terrible y mirando con ojos desorbitados; del oeste, la Negra de cabeza de toro, con una navaja en la mano derecha y en la mano izquierda intestinos que come y de los que lame la sangre; del norte, la Azul-Oscura de cabeza de lobo, desgarrando un cuerpo con ambas manos y mirando con ojos desorbitados; del sureste, la Blanca-Amarillenta, de cabeza de buitre, llevando a la espalda un

91 Makara: monstruo marino.

cuerpo gigante con un esqueleto en la mano; del suroeste, la Roja-Oscura, de cabeza de halcón, llevando un cuerpo gigante en la espalda; del noroeste, la Negra de cabeza de cuervo, con un escalpelo en la mano izquierda, una espada en la mano derecha y comiendo corazones y pulmones; del noreste, la Azul-Oscura, de cabeza de mochuelo, con un dorje en la mano derecha, una espada en la mano izquierda y comiendo.

Estas ocho Htamenmas, de las ocho regiones, rodeando así a los principios masculinos bebedores de sangre surgirán de tu cerebro y brillarán ante ti. No temas. Reconócelas como a tus propias proyecciones, como al juego de tu mente.

DECIMOCUARTO DÍA

Oh, noble hijo, las cuatro guardianas de las puertas surgirán también de tu cerebro y brillarán sobre ti. Reconócelas.

De la parte este de tu cerebro, brillará la Diosa Blanca, de cabeza de tigresa, portadora de un aguijón, sosteniendo en su mano izquierda un escalpelo lleno de sangre; del sur, la Diosa Amarilla, de cabeza de cerda, portadora del lazo; del oeste, la Diosa Roja, de cabeza de león, portadora de cadenas de hierro; y del norte, la Diosa Verde, de cabeza de serpiente, portadora de la campana. Estas cuatro guardianas de las puertas surgirán de tu propio cerebro y brillarán ante ti. Reconócelas como a tus divinidades tutelares.

Oh, noble hijo, después de los treinta Herukas de la cólera, las veintidós poderosas Yoguinis de cabezas diversas, portadoras de distintas armas, surgirán de tu cerebro y aparecerán ante ti. No temas. Sea lo que apareciere reconócelo como a tus propias proyecciones, como al juego de la mente. En este momento crucial, acuérdate de las enseñanzas de tu Maestro.

Oh, noble hijo, las seis yoguinis del este surgirán de tu cerebro y aparecerán ante ti: la morena Diosa Rakshasa, de cabeza de yak, con un dorje y un cráneo; la Diosa Amarilla-Roja, Brahma, de cabeza de serpiente, con un loto en la mano; la Gran Diosa Verde-Oscura, de cabeza de leopardo, con un tridente en la mano; la Diosa Azul de la curiosidad, de cabeza de mono, con una rueda; la Diosa Virgen Roja, de cabeza de oso de las nieves, con una espada corta en la mano, y, finalmente, la Diosa Blanca, Indra, de cabeza de oso, con un nudo de intestinos en la mano. No las temas.

Oh, noble hijo, las seis yoguinis del sur surgirán de tu cerebro y brillarán ante ti: la Diosa Amarilla de las delicias, de cabeza de murciélago, sosteniendo en su mano una navaja; la Diosa Roja de la paz, de cabeza de makara, con una urna en la mano, la Diosa Roja del néctar de la inmortalidad,[92] de cabeza de escorpión, sosteniendo en la mano un loto; la Diosa Blanca de la luna con la cabeza de milano, sosteniendo en su mano un dorje; la Diosa Verde-Oscura del bastón, con cabeza de zorro, sosteniendo en su mano una maza; y, finalmente, la Rakshasi Negra-Amarillenta de cabeza de tigre, sosteniendo en su mano un cráneo. No las temas.

Oh, noble hijo, las seis yoguinis del oeste surgirán del interior de tu cerebro y brillarán ante ti: Come-

92 Ver en el Glosario: Amrita.

dora Negro-Verduzca, de cabeza de buitre, sosteniendo en su mano un bastón; la Diosa Roja de las Delicias, de cabeza de caballo, sosteniendo el tronco de un enorme cuerpo; la Diosa Blanca de la gran fuerza, de cabeza de águila, sosteniendo en su mano una maza; la Rakshasi Amarilla de cabeza de perro, sosteniendo un dorje en su mano y cortando con una navaja; la Diosa Roja del Deseo, de cabeza de abubilla, sosteniendo un arco tendido y apuntando una flecha; y, finalmente, la Diosa Verde Guardiana de la Prosperidad, de cabeza de ciervo, con una urna en su mano. No las temas.

Oh, noble hijo, las seis yoguinis del norte surgirán de la parte norte de tu cerebro y brillarán ante ti: la Diosa Azul del Viento con cabeza de lobo, agitando un estandarte en su mano; la Diosa-Mujer Roja, de cabeza de ibis, sosteniendo un venablo amenazador; la Diosa-Cerda Negra, de cabeza de cochina, sosteniendo un lazo de colmillos en la mano; la Diosa Roja del Trueno, de cabeza de cuervo, sosteniendo el cuerpo de un niño en su mano; la Diosa Negro-Verduzca de la Gran Nariz, con cabeza de elefante, sosteniendo en la mano un gran cuerpo y bebiendo sangre de un cráneo; y, finalmente, la Diosa Azul del Agua, de cabeza de serpiente, sosteniendo en su mano un nudo de serpientes. No las temas.

Oh, noble hijo, las cuatro yoguinis de las puertas surgirán de tu cerebro y brillarán ante ti: del este, la Diosa Mística Negra, de cabeza de cuco, con un anzuelo de hierro en la mano; del sur, la Diosa Mística Amarilla de cabeza de cabra, con un lazo en la mano; del oeste, la Diosa Mística Roja, de cabeza de león, con una cadena de hierro en la mano; del norte, la Diosa Mística Negro-Verduzca, de cabeza de serpiente. Estas cuatro yoguinis de las puertas surgirán de tu cerebro y brillarán ante ti.

Estas veintiocho poderosas yoguinis emanan del juego de la forma auto existente de las Herukas de la cólera, reconócelas.

Oh, noble hijo, las apariencias divinas de la cólera emanan del vacío de la Gran Realidad[93]. Reconócelas. Y de la radiación de la Gran Realidad[94] emanan las apariencias divinas de la cólera. Reconócelas.

Si, en el momento en que las cincuenta y ocho apariencias divinas bebedoras de sangre surgen de tu cerebro y brillan ante ti, las reconoces como a tus propias radiaciones, te fundirás instantáneamente en estas energías divinas bebedoras de sangre y alcanzarás el estado de iluminación.

Oh, noble hijo, si no las reconoces ahora y huyes por miedo, una vez más te hundirás en el sufrimiento. Y al no reconocerlas como tales, verás a las apariencias divinas bebedoras desangre como a los Señores de la Muerte y las temerás. Quedarás fascinado y aterrorizado y te desvanecerás. Tus propias proyecciones se convertirán en demonios y vagarás errante por el mundo fenoménico. Pero, si no te sientes ni atraído ni aterrorizado, no errarás por este.

Oh, noble hijo, los cuerpos mayores de estas apariencias divinas de la paz y de la cólera son como todo

93 Son emanaciones del vacío primordial, tranquilo e informado aspecto del estado de Dharmakaya.

94 Son las emanaciones del aspecto activo y radiante del estado de Dharmakaya —la Luz Primordial que brilla en el Vacío Primordial—, siendo el hombre, como microcosmos del microcosmos, inseparable de ellas.

el cielo, el de las medianas como el Monte Mera, y de las más pequeñas como dieciocho veces nuestro cuerpo de alto. No las temas. No te aterrorices. Si reconoces a todos los fenómenos que aparezcan bajo imágenes divinas o resplandores de luz como a radiaciones de tu propia mente, te fundirás inseparablemente con las luces e imágenes y alcanzarás el estado de iluminación. Oh, hijo, veas lo que veas, por muy terrorífico que sea, reconócelo como a tus propias proyecciones; reconócelo como a la luminosidad y radiación natural de tu propia mente. Si lo reconoces así, alcanzarás el estado de iluminación en ese mismo momento, de ello no hay duda. La llamada perfecta e instantánea iluminación se realiza ahora. ¡Acuérdate!

Oh, noble hijo, si tú no las reconoces ahora y sigues aterrorizado, entonces todas las apariencias divinas de la paz brillarán bajo la forma de Mahakala y todas las apariencias divinas de la cólera como las de Dharmaraja, el Señor de la Muerte; y con tus proyecciones convertidas en demonios[95] errarás por el mundo fenoménico.

Oh, noble hijo, si no reconoces a tus propias proyecciones, por mucho que te hayas dedicado a las prácticas religiosas durante siglos, por muy imbuido que estés en las Escrituras,[96] no obtendrás el estado de iluminación. Pero si reconoces a tus propias proyecciones, por un misterio y una palabra, obtendrás el estado de iluminación.

Si no reconoces a tus propias proyecciones, estas aparecerán en la forma del Dharmaraja; el Señor de la

95 Maras.
96 Sutras *y* tantras.

Muerte, en el estado de transición de la Gran Realidad, tan pronto como mueras. Los cuerpos más grandes de Dharmaraja, Señor de la Muerte, llenan los cielos; los de mediana talla igualan al Monte Meru; los más pequeños, de dieciocho veces la altura de tu cuerpo, llenan los sistemas de mundos. Con los dientes mordiéndose el labio inferior, los ojos vidriosos, los cabellos anudados en la parte superior de la cabeza, anchos vientres y cortos cuellos, sosteniendo los recuerdos del karma en sus manos, gritando: "hiere, mata", llevando cráneos humanos y arrancando de los cuerpos cabezas y corazones, así vendrán, llenando el universo.

Oh, noble hijo, cuando estas proyecciones aparezcan, no temas. El cuerpo que tú posees ahora es un cuerpo mental hecho de tendencias y, aunque te maten y corten en pedazos, no puedes morir. Como en realidad tu naturaleza es el vacío, no debes tener miedo. Los Señores de la Muerte surgen también de tus radiaciones mentales, no poseen una sustancia sólida. El vacío no puede dañar al vacío. Ten la seguridad de que las apariencias divinas de la paz y de la cólera, los Herukas bebedores de sangre, las divinidades con cabeza de animales, los arcoíris, las formas terroríficas de los Señores de la Muerte, etcétera, no poseen realidad, únicamente surgen del juego de tu mente. Si entiendes esto, todo el miedo se disipará y, fundiéndote inseparablemente, alcanzarás el estado de iluminación. Si los reconoces así, ellos serán tus divinidades tutelares.

Piensa con devoción: "Han venido a recibirme en el peligroso camino del estado de transición. Tomaré refugio en ellos". Acuérdate de las Tres Joyas. Acuérdate de tu divinidad tutelar sea cual sea y, llamándola por su nombre, ruégale así: "Voy errante por el estado de transición, ven a salvarme. Sostenme con tu gracia, ¡oh, preciosa divinidad tutelar!". Llama a tu Maestro por su nombre y ruégale así: "Voy errante por el estado de transición, sálvame. Que tu gracia no me abandone".

Confía también en las energías divinas bebedoras de sangre y dirígeles esta plegaria:

Cuando por la fuerza de mis tendencias ilusorias
voy errante por el mundo fenoménico,
que en el luminoso camino del abandono,
el miedo, el temor y el terror,
puedan los Bienaventurados, las energías de la paz
y de la cólera guiarme, y las Diosas de la Cólera,
Reinas del Espacio, seguirme,
que puedan ayudarme a cruzar
el peligroso camino del estado de transición,
y conducirme al perfecto estado de iluminación.

Cuando voy errante y solo,
lejos de mis amigos queridos,
cuando mis vacías proyecciones aparecen,
que puedan los Seres Iluminados[97] *por*
el poder de su gracia, alejar el miedo y el terror
en el estado de transición.
Ahora que las cinco brillantes
luces de la sabiduría brillan,
que pueda reconocerlas sin miedo y sin terror.
Ahora que las formas de

97 Budas.

las energías divinas de la paz y de la cólera brillan,
que confiado y sin miedo pueda yo reconocer
el estado de transición.

Ahora, cuando por la fuerza
del karma negativo sufro,
que las divinidades tutelares disipen toda miseria.

Ahora, cuando el sonido natural
de la realidad ruge como mil truenos,
que pueda transmutarse en
el sonido de las Seis Sílabas.[98]
Cuando, sin protección, sigo mi karma,
pueda el Señor de la Gran Compasión darme refugio,
Cuando sufro el karma de mis tendencias,
puedan la beatitud y la brillante luz aparecer.

Que no puedan los cinco elementos
levantarse como enemigos,
sino que pueda percibirlos como a
los reinos de los cinco órdenes de iluminados.

Así, con gran devoción, recita esta plegaria. Todos los miedos desaparecerán y, con certeza, alcanzarás la iluminación[99] en el estado de beatitud.[100]

---

98 El mantra de seis sílabas de Chenrazee (Avalokiteshvara) : *Om Manipadme Hum*, considerado como "la esencia de toda felicidad, prosperidad y conocimiento y el gran medio de liberación". También se ha dicho que *Om* cierra la puerta del renacimiento entre los dioses, *Ma* entre los dioses celosos (o titanes), *Ni* en el pensamiento, *Pad* entre las criaturas subhumanas, *Me* entre los espíritus hambrientos y *Hum* entre los habitantes de las tinieblas.

99 La iluminación = ser un Buda.

100 Sambhogakaya.

Es importante que estas palabras sean repetidas tres o siete veces. Así, por muy pesado o débil que sea el karma, es imposible no obtener la liberación. Pero, si, a pesar de todo lo que se ha hecho por el difunto, no se ha producido el reconocimiento, este tiene que vagar errante hacia el tercer estado de transición, llamado del renacimiento,[101] sobre el cual la confrontación será detallada más adelante.

CONCLUSIÓN QUE DEMUESTRA LA IMPORTANCIA FUNDAMENTAL DE LAS ENSEÑANZAS DEL BARDO

La mayoría de las personas, cualesquiera sean sus prácticas religiosas —ya importantes o limitadas— en los momentos de la muerte se encuentran confundidas, pues numerosas ilusiones turbadoras tienen lugar, de lo que se desprende que "La gran liberación por la audición" es indispensable. En aquellos que han meditado mucho, la Gran Realidad brilla inmediatamente que el principio consciente se separa del cuerpo. Es muy importante experimentar la luz en vida, pues aquellos que han tenido alguna experiencia sobre ella y han reconocido a su mente, poseen un gran poder durante el estado de transición de los instantes de la muerte, cuando la Luz Primordial aparece.

Aquellos que en vida han meditado en la visualización y prácticas de las divinidades tántricas, tienen también un gran poder cuando las visiones de la paz y de la cólera aparecen durante el estado de transición de la Gran Realidad.[102] Por ello, es extraordinariamente importante entrenar la mente en esta "Liberación por la audición en el bardo" especialmente durante la vida. Hay que dominarla, perfeccionarla, leerla en voz

101 *Sidpa Bardo.*
102 *Chönyid Bardo.*

alta, memorizarla adecuadamente, practicarla tres veces al día sin falta, su sentido debe quedar completamente claro en la mente, y sus palabras y significados no deben olvidarse nunca, ni siquiera si cien asesinos te persiguieran. Es llamada "La gran liberación por la audición porque, incluso aquellos que han cometido las cinco ofensas capitales[103] se liberarán con certeza tan solo oyendo esta enseñanza.

Por ello, debe leerse en alto ante las muchedumbres y expandirla.

Aquel que la ha oído una vez, incluso si no la ha comprendido, se acordará de ella en el estado de transición sin olvidar una palabra, pues entonces el intelecto es nueve veces más lúcido. Por esto, debe ser anunciada a todos durante su vida, debe ser leída a los pies de la cama de todo enfermo y, junto a los cuerpos de todos los muertos, debe ser expandida a lo largo y a lo ancho.

El haberla encontrado significa ya una gran suerte. Es muy difícil hallarla a no ser para aquellos que han apartado sus oscuros velos y han adquirido méritos. Si uno la oye, aunque de difícil comprensión, es liberado simplemente creyendo en ella, por eso hay que tratarla con gran respeto: ella es la esencia de la verdad.

La confrontación con la experiencia de la realidad trascendental en el estado de transición, llamada "La gran liberación por la audición", la enseñanza para el estado de transición que libera simplemente a través del oído y la vista ha terminado.

---

103 Estas son: parricidio, matricidio, incitar a dos seres religiosos a luchar, matar un santo y hacer que salga sangre del cuerpo de un Buda.

Libro II

El estado de transición del renacimiento (*Sidpa Bardo*)

Introducción

En "La gran liberación por la audición" el Bardo de la Gran Realidad[104] *fue enseñado; ahora, del Bardo del Devenir*[105] *un vivo recuerdo va a ser mostrado.*

Parte I
El mundo después de la muerte

Aunque hasta ahora en el estado de transición de la realidad[106] hayan sido hechas numerosas llamadas, aparte de aquellos familiarizados con esta Gran Realidad a través de la meditación y de un karma positivo, debido al miedo y a las tendencias negativas, el reconocimiento es difícil para quienes no fueron adeptos de la meditación o fueron malvados. Estos descienden hasta el decimocuarto día, y para conmoverlos vivamente hay que decir de nuevo las siguientes palabras:

104 *Chönyid.*
105 *Sidpa.*
106 *Chönyid Bardo.*

EL CUERPO DEL ESTADO DE TRANSICIÓN, SU NACIMIENTO Y SUS FACULTADES SUPRANORMALES

Oh, noble hijo, escucha atentamente y grábalo bien en tu corazón: el nacimiento en el mundo de las tinieblas, en el mundo de los dioses[107] y en el cuerpo del estado de transición[108] es un renacimiento supra-normal. Cuando las energías de la paz y de la cólera aparecieron en el estado de transición de la Gran Realidad no las reconociste y te desvaneciste de miedo durante unos cuatro días y medio; pero, cuando te recuperaste, tu consciencia se irguió lúcida y un cuerpo radiante, parecido al tuyo anterior, floreció. En el Tantra[109] está dicho:

Con un cuerpo camal del anterior
y posterior Bardo del Devenir,
dotado de todas las facultades y sentidos,
moviéndose sin trabas,
poseyendo poderes kármicos milagrosos,
y visible a los puros ojos celestiales
de la misma naturaleza.

Aquí "anterior" significa que posees un cuerpo como el tuyo anterior de carne y sangre, debido a tus tendencias, pero este es también radiante y se encuentra dotado de algunos signos de belleza y perfección, como un cuerpo de la Edad de Oro.

---

107 Devas.
108 Bardo.
109 Tantra. Ver Glosario.

Este cuerpo nacido del deseo es una forma mental en el estado de transición, por lo que es llamado cuerpo de deseos. En estos momentos, si vas a nacer como un dios, experimentarás el nivel de los dioses, y cualquier cosa en la que vayas a nacer: un titán, un humano, un animal, un espíritu hambriento o un ser infernal, tendrás la experiencia de dicho nivel. En consecuencia, "anterior" significa que durante cuatro días y medio has tenido un cuerpo formado de las memorias y tendencias de tu cuerpo anterior, y "futuro" significa que después de esto tendrás experiencias de donde vas a nacer más tarde. De ahí la expresión "anterior" y "futuro".

Cualquiera sea la proyección que surja en estos momentos, no la sigas, no te sientas atraído por ella ni la desees. Si eres atraído o la deseas, vagarás errante por los seis reinos y sufrirás.

Aunque las proyecciones del estado de transición de la realidad han ido apareciendo hasta ayer, no las reconociste, por lo que has llegado errante hasta aquí. Ahora, si eres capaz de meditar sin distracción, permanece en la pura y desnuda consciencia, en el luminoso vacío que tu Maestro te enseñó, y relájate en un estado de no-deseos y no-acción. Así alcanzarás la liberación y no entrarás en una matriz.

Si no puedes llegar a este reconocimiento, visualiza a tu divinidad tutelar o a tu Maestro sobre tu cabeza y siente una intensa y muy fuerte devoción. Esto es muy importante. Sobre todo, no te distraigas.

Así debe decirse. Si el difunto realiza este reconocimiento quedará liberado y no vagará errante por los seis reinos. Pero bajo la influencia del karma negativo es difícil el reconocimiento, así que es necesario decirle las siguientes palabras:

Oh, noble hijo, escucha sin distracción. "Con todas las facultades y sentidos" significa que, aunque fueras ciego, sordo, cojo, etcétera, cuando estabas vivo, ahora en el estado de transición tus ojos ven formas, tus oídos escuchan sonidos y todos tus sentidos son claros y sin defecto; por lo que se dice "con todas las facultades y sentidos". Esta es una señal de que has muerto y vagas en el estado de transición. Reconócelo. Acuérdate de las enseñanzas.

Oh, noble hijo, "sin obstáculos" significa que, como ahora eres un cuerpo de deseos y tu mente está separada de su soporte, no tienes un cuerpo material, de forma que puedes atravesar rocas, montañas, tierras, casas e incluso el Monte Meru; todo menos la matriz materna y el Gran Centro de Iluminación.[110] Esta es una señal de que vagas errante por el espacio de transición del devenir.[111] Acuérdate de las enseñanzas de tu Maestro, y suplica al Señor de la Gran Compasión.

Oh, noble hijo, "los milagrosos poderes kármicos" significa que ahora posees poderes milagrosos resultantes de la fuerza del karma de acuerdo con tus ac-

110 Gran Centro de Iluminación = *Budha Gaya*. A menos que no estuviera dotado ya de un alto grado de iluminación espiritual, el difunto no puede ir conscientemente a ninguno de estos dos lugares por su propia voluntad. Pues el *Budha-Gaya* (gran centro psíquico) y el seno de la madre despiden tales irradiaciones psíquicamente cegadoras que la mentalidad ordinaria sentiría el mismo miedo que ante las radiaciones que brillan en el estado de transición y huiría también de ellas.

111 *Sidpa Bardo.*

ciones, no aquellos que proceden de la meditación o las virtudes. Puedes, en un instante, atravesar los cuatro continentes y el Monte Meru, o puedes, en un instante, llegar a cualquier sitio que quieras; tienes el poder de estar allí en el tiempo que tarda un hombre en cerrar o abrir los ojos. Pero estos poderes son ilusorios, no pienses en ellos ni los desees. Ahora tienes el poder de utilizarlos sin obstáculo, puedes realizar cualquier cosa que pienses y no existe acción que no puedas hacer. Realiza el reconocimiento. Suplica a tu Maestro.

Oh, noble hijo, "visible a los puros ojos celestes de la misma naturaleza" significa que aquellos de la misma naturaleza, de constitución similar en el estado de transición, se ven respectivamente unos a otros. Por ejemplo, los que van a nacer como dioses se ven unos a otros. Y lo mismo para todos los seres que van a nacer en el mismo reino: aquellos de la misma naturaleza se ven entre sí. No te sientas atraído por ellos, sino que medita en el Señor de la Gran Compasión.

"Visible para los puros ojos celestiales" significa también por el puro ojo divino de aquellos que están en samadhi.[112] Estos no ven siempre: solo cuando están mentalmente concentrados, y en caso contrario no ven, pues están dispersos.

Oh, noble hijo, con un cuerpo tal verás tu casa y tu familia, como si los encontraras en un sueño, pero aunque les hables no recibirás respuesta; y, al ver a tus familiares y parientes llorando, pensarás: "Estoy muerto, ¿qué debo hacer?". Sentirás intenso do-

112 Ver Glosario.

lor, como un pez echado fuera del agua sobre cenizas ardientes. Pero sufrir no te sirve de nada. Si tienes un Maestro, suplícale o suplica a tu divinidad tutelar, al Señor de la Gran Compasión. El estar apegado a tus familiares no te es de utilidad. No te apegues. Suplica al Señor de la Gran Compasión, entonces no habrá sufrimiento ni miedo.

Oh, noble hijo, sacudido por el viento del karma, sin soporte alguno, serás como una pluma empujada por el viento a caballo del aliento. Sin cesar, involuntariamente irás errante. A los que lloren les dirás: "Estoy aquí, no lloren", pero ellos no te percibirán; y pensarás: "He muerto", y entonces sentirás un gran dolor. No sufras por ello.

Habrá una luz gris como crepuscular noche y día, en todo momento. Esta fase del estado de transición puede durar uno, dos, tres, cuatro, cinco, seis o siete semanas; hasta cuarenta y nueve días. Se dice que el sufrimiento en el estado de transición del devenir dura veintidós días, pero, debido a la influencia del karma, no puede establecerse un período fijo.

Oh, noble hijo, en estos momentos el viento del karma, terrorífico e irresistible, te empujará por detrás a ráfagas. No temas. Es tu propia proyección. Una densa y aterradora oscuridad estará ante ti. De ella surgirán terribles gritos como "¡hiere!", "¡mata!". No temas.

En el caso de personas con karma muy negativo aparecerán demonios comedores de carne, provistos de distintas armas, gritando: "¡Hiere!". "¡Mata!". Te sentirás perseguido por distintos y aterradores animales salvajes y también por un gran ejército en medio de nieve, lluvia, tormentas y oscuridad. Habrá ruidos de montañas derrumbándose, de mares desbordándose, de fuegos ardiendo y de ciclones que se levantan.

Del miedo escaparás hacia donde sea, pero encontrarás el camino cortado por tres precipicios que se abren frente a ti, blanco, rojo y negro, profundos y temibles, y estarás a punto de caer en ellos.

Oh, noble hijo, en realidad no son precipicios, son la agresión, pasión e ignorancia. Reconoce que este es el estado de transición del devenir, y llama por su nombre al Señor de la Gran Compasión: "Oh, Señor de la Gran Compasión, mi Maestro, las Tres Joyas, no me dejes a mí (decir el nombre propio) caer en las tinieblas". No te olvides de esta súplica.

En aquellos que han acumulado méritos y practicado sinceramente la Ley, toda clase de gozos vendrán a su encuentro y experimentarán todo tipo de beatitud y felicidad perfectas. Pero los seres neutrales que no hicieron ni bien ni mal, no experimentarán ni placer ni dolor, sino solo una especie de descolorida ignorancia e indiferencia. Cualquiera de estas cosas sucediera, oh, noble hijo, cualesquiera sean los placeres u objetos de deseos, no seas atraído por ellos, no te apegues, ofrécelos al Maestro y a las Tres Joyas. Abandona todo apego y todo deseo de tu corazón. Y si no experimentas ni placer ni dolor, sino solo indiferencia, concentra tu mente en el Gran Símbolo, en estado de profunda meditación. Esto es muy importante.

Oh, noble hijo, en estos momentos puentes, capillas, templos y monasterios te darán cobijo, pero no permanecerás allí mucho tiempo, pues tu mente se encuentra separada de tu cuerpo. Te sentirás etéreo, veloz, fluctuante e impermanente. Entonces pensarás: "¡Estoy muerto! ¿Qué puedo hacer ahora?". Ante este pensamiento tu corazón se helará y sentirás un sufrimiento y tristeza infinitos. Como no puedes permanecer en reposo en ningún lugar, viéndote empujado a moverte, no ocupes tu mente en toda clase de pensamientos, sino déjala tranquila en su estado natural.

Ha llegado el momento en que no tienes más comida que la que te ha sido dedicada, y respecto a los amigos no existe certidumbre alguna. Todas ellas son señales de que vagas errante por el estado de transición del devenir. En estos momentos, el gozo y el dolor dependen de tu karma. Verás tu casa, a tus amigos y parientes, a tu propio cuerpo y pensarás: "Estoy muerto, ¿qué puedo hacer?". Y, oprimido por un gran dolor: "¡Lo que daría por poseer un cuerpo!". Y al pensar esto irás de aquí para allá a la búsqueda de uno.

Pero, incluso aunque pudieras entrar en tu cuerpo nueve veces seguidas, este estaría helado si es invierno, descompuesto si es verano, o tu familia lo habría entregado a la cremación, o enterrado, o arrojado al agua, o dado a los pájaros y animales de presa, pues ya has pasado largo tiempo en el estado de transición de la realidad, y no encontrarás dónde entrar. Estarás lleno de gran desesperación y tendrás la sensación de ser estrujado entre rocas y piedras. Este tipo de sufrimiento ocurre en el estado de transición del devenir, en búsqueda de volver a renacer. Pero, aunque persigas un cuerpo, no encontrarás más que sufrimiento. Aparta, pues, tu deseo de un cuerpo y permanece tranquilo en el estado de no-acción.

Thangka dorado de Mahakala, protector iracundo del budismo tibetano. Su furia simboliza la energía compasiva que destruye los obstáculos espirituales y protege las enseñanzas del Dharma.

Escultura tibetana de Manjushri, bodhisattva de la sabiduría trascendental. Su gesto de enseñanza y la espada simbólica representan la mente que corta la ignorancia y revela la verdad última.

Amitabha, Buda de la Luz Infinita, preside el Paraíso del Oeste o Sukhavati. Su figura central simboliza la compasión que libera a los seres del ciclo del renacimiento y del sufrimiento.

Manjushri, bodhisattva de la sabiduría. La espada flamígera corta la ignorancia, mientras el libro del Prajñāpāramitā simboliza el conocimiento trascendental que conduce a la iluminación.

Escultura tibetana de Buda Shakyamuni en postura de meditación (dhyana mudra). Representa el momento de la iluminación bajo el árbol Bodhi, símbolo de serenidad, sabiduría y desapego del sufrimiento.

Machig Labdrön, maestra tibetana del siglo XI, fundadora del linaje del Chöd. Su enseñanza central consiste en cortar el apego al ego mediante la entrega compasiva y la sabiduría.

Rueda de oración tibetana (mani khorlo), instrumento ritual grabado con el mantra Om Mani Padme Hum. Al girarla, se considera que las plegarias contenidas en su interior se liberan al universo.

Rueda de oración portátil, utilizada por monjes y peregrinos tibetanos. Cada giro equivale a recitar los mantras inscritos, generando mérito espiritual y purificación del karma negativo acumulado.

Monasterio de Samye, el primer monasterio budista del Tíbet, fundado en el siglo VIII bajo el reinado de Trisong Detsen.

Estatua del Jowo Shakyamuni, ubicada en el templo Jokhang de Lhasa. Considerada la representación más sagrada de Buda en el Tíbet, simboliza al Buda histórico a los doce años, según la tradición.

La imagen muestra el templo Jokhang, en Lhasa, Tíbet. Es el santuario más sagrado del budismo tibetano, fundado en el siglo VII por el rey Songtsen Gampo.

Estupa de Boudhanath, situada en Katmandú, Nepal. Es una de las estupas más grandes del mundo. Los ojos pintados simbolizan la sabiduría y la omnipresencia del Buda.

La imagen muestra el monasterio de Tsurpu, fundado en 1159 por Düsum Khyenpa. Es el monasterio principal de la escuela Karma Kagyu del budismo tibetano, situado en el valle de Tolung, en Lhasa.

Monje budista tibetano realizando una práctica ritual. Sostiene una campana (ghanta) y un vajra, símbolos de sabiduría y compasión. Su vestimenta roja y amarilla identifica la tradición monástica tibetana.

Peregrinos tibetanos realizando postraciones frente al templo Jokhang, en Lhasa. Este templo del siglo VII es el santuario más sagrado del Tíbet y centro espiritual del budismo tibetano.

Mandala tibetano con el mantra "Om Mani Padme Hum" repetido en círculos concéntricos. Representa la purificación de los seis reinos del samsara y la compasión del bodhisattva Avalokiteshvara.

A través de esta confrontación, se obtiene la liberación del estado de transición.

EL JUICIO

No obstante, es posible que por influencia del karma negativo no se haya aún producido el reconocimiento. Entonces hay que llamar al difunto por su nombre y decirle las siguientes palabras:

> Oh, noble hijo (el nombre del difunto), escucha. Debido a tu karma sufres así, no lo atribuyas a nadie más, es tu propio karma. De modo que, suplica a las Tres Joyas fervientemente y estas te protegerán. Si no les suplicas, y no conoces cómo meditar en el Gran Símbolo, ni meditar en tu divinidad tutelar, entonces la buena consciencia de tu interior reunirá todas las buenas acciones y las contará con guijarros blancos, y la mala consciencia de tu interior reunirá todas tus malas acciones y las contará con guijarros negros. Esto te causará gran miedo, horror y terror y, temblando, intentarás mentir, diciendo: "Yo no he cometido ninguna mala acción". Entonces el Señor de la Muerte dirá: "Voy a mirar en el espejo del karma". Y, diciendo así, mirará en el espejo, en el que todo acto bueno o malo está claramente reflejado. El mentir no servirá de nada. Entonces el Señor de la Muerte enrollará una cuerda alrededor de tu cuello y te arrastrará. Cortará tu cabeza, te arrancará el corazón, pondrá al descubierto tus intestinos, lamerá tu cerebro, beberá tu sangre, comerá tu carne y roerá tus huesos. Pero no puedes morir. Aunque tu cuerpo sea cortado en peda-

zos, volverá a revivir. Estos suplicios, una y otra vez, te causarán un dolor y tortura intensos. Sin embargo, en el momento en que los guijarros sean contados, no sientas miedo ni terror; no mientas ni temas al Señor de la Muerte. Como ahora eres un cuerpo mental no puedes morir, aunque seas decapitado o despedazado. En realidad, tu naturaleza es el vacío. Por tanto, no es necesario tener miedo. Los Señores de la Muerte[113] son tus propias alucinaciones. Tu cuerpo de deseos es un cuerpo de tendencias y vacío. El vacío no puede dañar al vacío; lo que es sin cualidad no puede dañar a lo que es sin cualidad. Aparte de las alucinaciones personales, en realidad no existe nada fuera de uno mismo, ningún Señor de la Muerte, o dios, o demonio, o Espíritu de la Muerte con cabeza de toro; reconócelo así.

En este momento reconoce que estás en el estado de transición. Medita en el Gran Símbolo. Si no sabes cómo, entonces simplemente analiza con atención la naturaleza real de lo que te asusta: comprenderás que en realidad no está formada de nada, que es el vacío, el Dharmakaya.[114] Pero este vacío no es negación, su naturaleza es el terror y una gran lucidez y claridad de mente: este es el estado mental del Samboghakaya.[115]

El vacío y la luminosidad no son dos cosas separa-

113 Estos Señores de la Muerte son Yama-Raja y su corte de asociados, que incluyen quizás a las Furias ajusticiadoras. Estas últimas, como Furias atormentadoras, son comparables a las Euménides de Esquilo, elementos de nuestra propia consciencia. Según el *Abhidhamma* del budismo del sur existe la mente y los impulsos de la mente; estos últimos son las Furias.

114 Ver Glosario.

115 Ver Glosario.

das, la naturaleza del Vacío es luminosa y la naturaleza de la luminosidad es vacía. Este indivisible vacío-luminosidad, la mente desnuda en su estado primordial, es el Adi-Kaya.[116] Y su propia energía natural surge por doquier sin obstrucción: este es el compasivo Nirmanakaya.[117]

Oh, noble hijo, escúchame sin distracción. Solo con el reconocimiento de estos cuatro estados[118] puedes estar seguro de obtener la iluminación. No te distraigas. Esta es la línea de demarcación que separa a los seres iluminados[119] de los seres animados. Este momento es de una enorme importancia. Si te distraes ahora, necesitarás innumerables años para salir de las ciénagas del dolor. Se dice de este momento: "En un instante están separados, en un instante completa iluminación".

Hasta hace un momento, el bardo ha brillado sobre ti y no lo has reconocido. A causa de ello has sentido miedo y terror. Si vuelves a distraerte, las cuerdas de la divina compasión se romperán e irás a un lugar donde no hay liberación, por tanto, ten cuidado. Aunque hasta ahora no hayas realizado el reconocimiento, a pesar de las numerosas confrontaciones, puedes hacerlo en este momento y obtener la liberación.

Si se trata de un profano que no sabe cómo meditar, hay que decirle las siguientes palabras:

116 Adikaya ("Primer Cuerpo"), sinónimo de Dharma Kaya.
117 Ver Glosario.
118 Kayas.
119 Budas.

> Oh, noble hijo, si no sabes meditar así, acuérdate de Buda,[120] el Dharma[121] y el Sangha[122] y del Señor de la Gran Compasión, y suplícales. Medita en todas las terroríficas proyecciones como en el Señor de la Gran Compasión o tu divinidad tutelar. Acuérdate de tu Maestro y del nombre sagrado que te transmitió en el mundo humano en el momento de la iniciación, y dilo al Rey de la Ley, el Señor de la Muerte. Incluso aunque caigas abajo del precipicio, no te dañarás. No temas ni te aterrorices.

Ante esta confrontación, aunque no se hubiera liberado antes, alcanzará la liberación ahora. Pero, ante la posibilidad de que no haya realizado el reconocimiento y, por tanto, no haya alcanzado la liberación, es muy importante hacer otro esfuerzo y llamar de nuevo al difunto por su nombre diciéndole las siguientes palabras:

> Las experiencias presentes te arrojarán en cada momento a estados de alegría y tristeza alternativos, como una catapulta, por tanto, no crees ahora ningún sentimiento de pasión o agresión.
>
> Si vas a nacer en un plano más elevado, la visión de este plano elevado empezará a brillar sobre ti.
>
> Parientes vivos pueden, como dedicación al difunto, estar sacrificando animales, realizar ceremonias religiosas y dar limosnas. Tú, a causa de tu visión no purificada, puedes al ver sus actos sentirte arrastrado

120 Ver Glosario.
121 Ver Glosario.
122 Ver Glosario.

por una gran cólera que te conducirá en estos momentos al renacimiento en las tinieblas. Hagan lo que hagan los que has dejado detrás de ti, no tengas ningún pensamiento colérico y medita con amor sobre ellos.

Además, si te sientes apegado a los bienes del mundo dejados detrás de ti, o si, al ver estos bienes que poseías en manos de otra persona, te apegas a ellos por debilidad y sientes cólera hacia tus sucesores, dicho sentimiento afectará psicológicamente este momento hasta tal punto que, incluso si estabas destinado a nacer en un nivel superior más feliz, te verás obligado a nacer en las tinieblas o como un espíritu hambriento. De todas formas, aunque te sientas apegado a los bienes del mundo que has dejado detrás de ti, no puedes poseerlos; no son ya de utilidad, por tanto, desapégate de tus posesiones, abandónalos con firme decisión. Poco importa quién disfrute de tus riquezas, no seas posesivo, déjalas ir. Con gran concentración piensa en que las ofreces a tu Maestro y a las Tres Joyas, y permanece en el estado de desapego a todo deseo.

Cuando en tus funerales se recite el Kamkani Mantra[123] y se realice el rito por la "purificación de los estados bajos", si ves que todo ello está hecho de forma incorrecta, con sueño, distracción, inobservancia de las reglas, falta de pureza de uno de los oficiantes o a la ligera —todas ellas cosas que podrás ver al estar dotado de poderes kármicos sobrenaturales— o seas consciente de la falta de fe y de creencias, de las

123 Se considera que este mantra tiene el poder mágico de transmutar el alimento consagrado al difunto de forma que sea aceptado por él.

acciones hechas por miedo y de las impurezas en los rituales, pensarás: "Me están traicionando". Al pensarlo, te llenarás de tristeza y desesperación, y, además, al no sentir una pura devoción, empezarás a dejar de creer y perderás la fe, lo que ciertamente te conducirá a los planos más bajos. Tales pensamientos no solo no te servirán de nada, sino que te harán un gran mal. Por muy incorrecto que sea el ritual e inconveniente la conducta de los sacerdotes en los ritos funerarios piensa: "Realmente son mis propios pensamientos los que son impuros. ¿Cómo podrían ser las palabras de Buda impuras? Ello está causado por mis propias proyecciones impuras, como las faltas de mi propio rostro reflejadas en un espejo. En cuanto a estas personas, su cuerpo es el Sangha; su habla, el sagrado Dharma; y su mente es la naturaleza de Buda; tomaré refugio en ellos". Entonces cualquier cosa que se hiciera en el lugar que has dejado te será de utilidad, por lo que es muy importante tener pensamientos puros. No te olvides.

Si estabas destinado a nacer en uno de los estados más bajos, cuando el resplandor de este estado se abra y brille ya sobre ti, si tus sucesores y familiares realizan virtuosos ritos libres de malas acciones y los sacerdotes instruidos practican la sagrada ley con absoluta pureza de cuerpo, palabra y mente, sentirás gran alegría al verlos, y ello por su sola virtud afectará este momento de tal forma que, si merecías nacer en un mundo desgraciado, esto te llevará a nacer en un nivel más elevado y feliz. Por tanto, es muy importante no tener pensamientos impuros, sino sentir una pura devoción sin reservas y estar atento. Esto es muy importante.

Oh, noble hijo, para resumir, ahora tu mente en el estado de transición no posee soporte, por tanto, es ligera y móvil, y todo pensamiento que surja, bueno o malo, es muy poderoso; en consecuencia, no pienses en ninguna mala acción, sino recuerda las prácticas virtuosas. Pero, si tú no estás acostumbrado a tales ejercicios, ten devoción y pensamientos puros. Suplica a tu divinidad tutelar y al Señor de la Gran Compasión, y di la siguiente plegaria con gran concentración:

Cuando voy errante y solo,
lejos de mis amigos queridos;
cuando mis propias y vacías proyecciones aparecen,
que puedan los seres iluminados
enviarme su poder de compasión,
y apartar todo miedo,
horror o terror en el estado de transición.

Cuando sufro el poder de un karma negativo,
que mi divinidad tutelar disipe todos los sufrimientos.
Cuando el sonido de la realidad ruge como mil truenos,
que pueda convertirse en el sonido de las seis sílabas.
Cuando sigo mi karma sin refugio alguno,
que el Señor de la Gran Compasión sea mi refugio.
Cuando sufro el karma de mis tendencias innatas,
que la beatitud y luminosidad
del samadhi brillen sobre mí.

Recita esta plegaria con fervor; con seguridad te

> conducirá en el camino. Ten absoluto convencimiento de que sea sincera, esto es muy importante.

Cuando se ha dicho esto, el difunto recordará, realizará el reconocimiento y alcanzará la liberación.

Las seis luces de los seis planos de existencia

No obstante, si a pesar de la repetición frecuente de estas instrucciones, el reconocimiento es difícil a causa de la influencia de un karma negativo, será de gran ayuda repetirlas de nuevo muchas veces y llamando, una vez más, al difunto por su nombre, decirle las siguientes palabras:

> Oh, noble hijo, si has sido incapaz de captar lo que se ha dicho con anterioridad, tu cuerpo de la pasada vida se volverá cada vez más y más borroso y el de la vida futura más y más claro. Y, entristecido, pensarás: "Estoy sufriendo, debo buscar un cuerpo como sea"; y, diciendo esto, irás de aquí para allá hacia cualquier cosa que aparezca. Las seis luces de los seis planos de existencia brillarán y aquella en la que tú vas a nacer, debido a tu karma, brillará más fuertemente.
>
> Oh, noble hijo, escucha. Las seis luces son: un débil resplandor blanco del mundo de los dioses, un débil resplandor rojo de los titanes, una luz azul de los seres humanos, verde de los animales, amarilla de los espíritus hambrientos y de color humo de los seres infernales; estas son las seis luces. En estos momentos

tu cuerpo también tomará el color del lugar donde vas a nacer.

Oh, noble hijo, en estos momentos hay un punto esencial de la enseñanza que es muy importante: cualquiera sea la luz que brille, medita en ella como ante el Señor de la Gran Compasión. No importa de qué lugar venga el resplandor, considéralo como al Señor de la Gran Compasión. Este es el punto más esencial, es extraordinariamente importante y previene el renacimiento.

Medita durante largo tiempo en tu divinidad tutelar, cualquiera sea esta, como en una visión sin naturaleza real, semejante a una ilusión. Esta es llamada el puro cuerpo ilusorio. Entonces deja a la visión de la divinidad tutelar fundirse y desaparecer desde sus contornos exteriores hacia el centro, hasta que sea invisible; permanece a continuación en el estado de vacío y luminosidad, que no puede concebirse como forma alguna. Medita de nuevo en tu divinidad tutelar y de nuevo en la luz. Medita así, alternativamente, y después de esto deja a tu mente también desaparecer empezando desde los extremos hacia el centro.

En donde hay espacio hay consciencia, y donde hay consciencia hay realidad esencial.[124] Permanece tranquilo en el estado increado de esta realidad absoluta. En este no puede haber nacimiento y la iluminación perfecta es alcanzada.

124 Dharmakaya.

Parte II
Proceso del renacimiento. Cierre de la puerta de la matriz

Pero una vez más, aquellos cuya práctica de meditación era pobre o no eran adeptos a esta, cegados por la ilusión, errarán hacia las puertas de una matriz. De aquí que las instrucciones para el cierre de las puertas de la matriz sean muy importantes. Hay que llamar al difunto por su nombre y decirle las siguientes palabras:

> Oh, noble hijo, si no has reconocido la experiencia anterior, en estos momentos tendrás la impresión de que estás subiendo, desplazándote a un mismo nivel o descendiendo, debido a la fuerza del karma. Medita en el Señor de la Gran Compasión. Acuérdate.
>
> Entonces, como ya se ha dicho antes, sentirás ráfagas de viento, tormentas de nieve y granizo, oscuridad y muchedumbre persiguiéndote. Al huir, aquellos desprovistos de un karma positivo sentirán que escapan hacia un lugar de sufrimiento, pero aquellos con un karma meritorio sentirán que están llegando a un lugar de felicidad.
>
> En estos momentos, oh, noble hijo, aparecerán todos los signos del país y lugar en el que vas a nacer. Es-

cucha sin distracción, pues esta instrucción contiene puntos esenciales y de una gran profundidad. Aunque no hayas reconocido la anterior confrontación, e incluso siendo de aquellos cuyas prácticas religiosas eran débiles, puedes aquí llegar al reconocimiento. Escucha pues.

Instrucciones para el oficiante:

En este momento es muy importante tener gran cuidado en el método para cerrar la puerta de la matriz. Existen dos métodos: impedir que el ser sea atraído hacia ella, o cerrar la entrada de la matriz que va a ser franqueada.

Método para prevenir la entrada en una matriz

Las instrucciones para prevenir la entrada son las siguientes:

Oh, noble hijo (nombre del difunto), visualiza claramente a tu divinidad tutelar, cualquiera sea esta, como una visión sin naturaleza real, como una ilusión o el reflejo de la luna en el agua. Si no posees una específica divinidad tutelar, medita entonces en el Señor de la Gran Compasión. Visualízalo vivamente. A continuación, deja que la divinidad tutelar vaya desapareciendo desde los extremos hacia su interior, y medita en el vacío-luz, sin caer en pensamiento alguno. Este es el profundo secreto en virtud del cual se evita la entrada en la matriz.

Primer método para cerrar la puerta de la matriz

Pero si esto no te detiene, y estás a punto de entrar en una matriz, escucha estas profundas instrucciones para cerrar su entrada y repite conmigo las siguientes palabras:

Ahora, cuando el estado de transición
del devenir brilla ante mí,
concentraré mis pensamientos intensamente,
esforzándome en prolongar los resultados
de un karma meritorio,
en cerrar la puerta de la matriz e intentar resistir;
es el momento en que la perseverancia
y un pensamiento puro son necesarios,
abandona la envidia y medita
en el principio masculino-femenino del Maestro.

Que tus labios repitan esto con claridad, acuérdate vivamente de lo significativo de dichas palabras y medita sobre ellas. El poner esto en práctica es esencial.

El significado de la anterior enseñanza "Cuando el Bardo del Devenir brilla ante mí" es que en estos momentos marchas errante por el estado de transición hacia el renacimiento. Prueba de ello es que si te miras en el agua o en un espejo no te verás reflejado; ni tampoco tu cuerpo proyecta sombra. No posees un cuerpo material de carne y sangre, lo que significa que vas errante por el estado de transición hacia el renacer. Ahora debes concentrar tus pensamientos intensamente, sin distracción alguna. Una intensa concentración es lo más importante;

es como controlar un caballo con las bridas. Cualquier cosa en la que te concentres sucederá, o sea que no pienses en malas acciones, sino que recuerda la realidad trascendental, las enseñanzas, la iniciación y el acceso que se te permitió a textos como "La gran liberación por la audición" que recibiste en el mundo humano, y esfuérzate en prolongar los resultados del buen karma. Esto es muy importante. No te olvides. No te distraigas. Ahora es el momento de la línea divisoria entre el ascenso o la caída: la mínima indecisión por un segundo significa el sufrimiento para siempre; ahora es el momento en que la más intensa concentración te lleva a la felicidad eterna. Concentra tus pensamientos intensamente, y esfuérzate en prolongar los resultados de un karma positivo.

Ahora ha llegado el momento de cerrar la puerta de la matriz. Ha sido dicho:

Cierra la puerta de la matriz y esfuérzate en resistir;
este es el momento en que la perseverancia
y un pensamiento puro son necesarios.

Ahora ha llegado el momento. En primer lugar, la puerta de la matriz debe cerrarse. Existen cinco métodos para cerrarla; entérate bien.

SEGUNDO MÉTODO PARA CERRAR LA PUERTA DE LA MATRIZ

Oh, noble hijo, en este momento aparecerán visiones de hombres y mujeres acoplándose. Cuando las veas, no interfieras, sino recuerda y medita en el hombre y en la mujer como en el principio masculino-femenino del Maestro. Ofrece tu mente y entrégate con devoción, pidiendo ser guiado. A través de una intensa concentración en esta resolución, la puerta de la matriz se cerrará con certeza.

Pero si esta no se cierra y estás a punto de entrar en ella, medita en el principio masculino-femenino del Maestro como en tu divinidad tutelar, o en el principio masculino-femenino del Señor de la Gran Compasión y ofréceles tu mente. Con intensa devoción ruégales que te concedan ayuda espiritual. Esta cerrará la puerta de la matriz.

Tercer método para cerrar la puerta de la matriz

Pero si esta no se cierra y estás a punto de entrar en una matriz, el tercer método para evitar todo apego o repulsión se explica a continuación.

Existen cuatro tipos de nacimiento: nacimiento de un huevo, nacimiento de una matriz, nacimiento espontáneo y nacimiento por el calor y la humedad. De estos, el nacimiento de un huevo y el nacimiento de una matriz son similares.

Como se ha dicho antes, aparecerán visiones de machos y hembras en unión sexual. Si en este momento entras en una matriz bajo el poder del apego o la repulsión, nacerás como un caballo, un pájaro, un perro o un ser humano, etcétera, depende de la matriz. Si vas a nacer como varón, te verás a ti mismo como varón y sentirás una violenta agresión hacia el padre y deseo de la madre. Si vas a nacer como hembra te verás como hembra, y sentirás intensa envidia y celos de la madre e intenso deseo y pasión por el padre. Esto causará que entres en el camino que conduce a la matriz, y experimentarás la beatitud de la auto existencia en medio del encuentro entre el esperma y el óvulo. De este estado de beatitud perderás consciencia, y el embrión crecerá en forma oval hasta que el cuerpo madure y salga de la matriz materna. Cuando abras los ojos puede que te encuentres transformado en un cachorro de perro. De ser un hombre has pasado a ser un perro, y tienes que sufrir las miserias de ser perro, o un cerdo en el establo, una hormiga en el hormiguero, una oruga en un agujero, un insecto, una vaca, una cabra o un cordero; y de ahí ya no es posible volver. Sufrirás toda clase de miserias en un estado de gran estupidez e ignorancia. Así, dando vueltas cíclicas en torno a los seis estados de existencia, el de los seres infernales, el de los espíritus hambrientos, etcétera, etcétera. Sufrirás tormentos sin fin. ¡Ay, nada hay más fuerte o terrible!

Aquellos que no han recibido las enseñanzas sagradas de un Maestro[125] caerán así en el gran precipicio del mundo fenoménico y sufrirán de forma ilimitada e insoportable. Antes de padecer tal suerte, escucha mis palabras y graba mis enseñanzas en tu corazón.

Aparta de ti los sentimientos de atracción o repulsión. Escucha y comprende. Ha sido dicho:

> Cierra la puerta de la matriz y esfuérzate en resistir; este es el momento en que la perseverancia y un pensamiento puro son necesarios, abandona la envidia y medita en el principio masculino-femenino del Maestro.

Como se ha dicho antes, sentirás celos, y si vas a nacer como varón amarás a la madre y odiarás al padre, si vas a nacer

125 Gurú.

como hembra amarás al padre y odiarás a la madre. Para este momento existe una profunda enseñanza.

> Oh, noble hijo, cuando la atracción y repulsión surjan, medita así: "Soy un ser con tan negativo karma que hasta ahora he ido errante por el mundo fenoménico yendo del apego a la repulsión. Si sigo sintiendo atracción o rechazo, erraré sin fin por este y naufragaré en el océano de miserias durante largo tiempo. Ahora no debo dejarme más llevar por la atracción ni por la repulsión".

Concentrándote intensamente en esta resolución, quedará cerrada la puerta de la matriz; por ello los tantras dicen: "Oh, noble hijo, no te distraigas. Concentra tu mente intensamente".

CUARTO MÉTODO PARA CERRAR LA PUERTA DE LA MATRIZ

Pero, si incluso tras hacer esto no se cierra la puerta de la matriz y estás a punto de entrar en una, esta quedará sellada a través de la enseñanza sobre la naturaleza irreal e ilusoria de todas las cosas; para ello hay que meditar de la siguiente manera:

> El principio masculino y femenino, la gran tormenta, las ráfagas de viento, los truenos, las aterradoras proyecciones y todos los fenómenos que han aparecido son, en su verdadera naturaleza, ilusorios; sea cual sea su forma no son reales. Todas las sustancias son irreales y falsas. Son como un espejismo. No

son permanentes ni poseen fijeza alguna. ¿Para qué, entonces, el deseo? ¿Para qué el miedo? Es como ver lo inexistente como si existiera. Todas estas son proyecciones de mi mente, y como la misma mente es ilusoria y no existente ya en su origen, entonces ¿cómo pueden tener existencia dichos fenómenos?

Antes no lo comprendía de esta forma y creía que lo no existente existía, que lo falso era "verdad", que la ilusión era real. Por ello he ido errante por el mundo fenoménico durante tanto tiempo. Y, si no reconozco ahora que son ilusiones, seguiré errante por este durante mucho más y con seguridad caeré en los cenagosos pantanos del sufrimiento.

Ahora, realmente, son como sueños, ilusiones, ecos, ciudades fantásticas, espejismos, imágenes, efectos ópticos o como la luna reflejada en el agua. En verdad no son reales ni por un segundo. Ciertamente no son verdaderas sino falsas.

Concentrando todo el ser en esta convicción, la creencia en su realidad se destruye y, cuando uno está profundamente convencido en su interior de ello, la creencia en la idea del yo es contradicha. Y si la idea de esta irrealidad se enclava en lo profundo del ser, la puerta de la matriz con seguridad quedará cerrada.

QUINTO MÉTODO PARA CERRAR LA PUERTA DE LA MATRIZ

Pero, si aún después de esto, la creencia en la realidad no se destruye, no quedando la puerta de la matriz cerrada, y estás a punto de entrar en una, existe una profunda enseñanza.

Oh, noble hijo, si incluso después de esto la puerta de la matriz no se ha cerrado, hay que cerrarla meditando en la Luz Primordial. Esta meditación se hace así: "Todas las sustancias son mi propia mente, y esta mente es vacío, es no ser, no nacida y sin fin".

Meditando de esta manera, deja la mente en su estado natural, sin alteración, el yo sumergido en su propia naturaleza como agua echada al agua, tal como es, libre, abierto y relajado. Dejándolo así en su forma natural y relajada, puedes estar seguro de que la puerta de la matriz de los cuatro tipos de nacimiento quedará cerrada.

Medita hasta que el cierre se haya realizado por completo.

Han sido impartidas muchas y profundas instrucciones para el cierre de la puerta de la matriz. Es imposible que estas no liberen a cualquier persona, sea de elevada, media o baja capacidad intelectual. ¿Por qué razón? En primer lugar, porque la consciencia en el estado de transición posee una percepción supra normal de las cosas mundanas, de forma que puede oír lo que se habla. Segundo, porque, aunque fuera sordo o ciego, ahora todas las facultades son perfectas, o sea que puede escuchar lo que se le dice. Tercero, porque, al verse continuamente desbordado por el miedo, su pensamiento está concentrado y escucha cuanto se le aconseja. Y cuarto, porque, como la consciencia no tiene soporte, yendo directamente a cualquier lugar donde la concentración sea dirigida, es fácil guiarla. La mente es nueve veces más clara, de forma que, aunque el difunto fuera estúpido, por la fuerza del karma, la mente se vuelve tan lúcida en estos momentos que puede meditar sobre cualquier cosa que se le enseñe. Estas razones esenciales son el motivo. Debido a ello, y siendo también de ayuda el realizar los rituales funerarios, es sobre todo muy importante perseverar en la lectura de "La gran liberación por la audición" durante nueve días. Pues, incluso aunque no se haya llegado a la liberación a través de una determinada confrontación, esta puede alcanzarse en otra, siendo esta la razón por la que varias confrontaciones son necesarias.

ELECCIÓN DE LA PUERTA DE LA MATRIZ

No obstante, existen muchos tipos de seres que, aunque instigados a recordar y concentrar sus pensamientos, no se liberan a causa de la enorme fuerza de los velos kármicos y la falta de costumbre en realizar buenas acciones, estando por el contrario extraordinariamente acostumbrados a las malas, desde tiempos inmemoriales. Por lo que ahora, si todavía no ha sido cerrada la puerta de la matriz, invocando la ayuda de los seres iluminados (Budas y bodhisattvas), repite la plegaria del Refugio;[126] a continuación llama al difunto por su nombre tres veces y dile las siguientes palabras:

> Oh, noble hijo (nombre del difunto), escucha. Aunque se te han dado todas las instrucciones para la confrontación numerosas veces, no las has comprendido; así que ahora, como la puerta de la matriz no ha sido cerrada, te ha llegado el momento de tomar un cuerpo. Existen no solo una, sino muchas y profundas instrucciones para tu elección de puerta de la matriz,

126 La fórmula budista: "Tomo refugio en el Buda, tomo refugio en el Dharma, tomo refugio en el Sangha".

así que comprende y no te distraigas. Escucha atentamente, con intensa concentración y comprensión.

VISIONES PREMONITORIAS DEL LUGAR DEL RENACIMIENTO

Oh, noble hijo, ahora los signos y características del lugar en que vas a nacer aparecerán, reconócelos. Examina dónde será y escoge el continente.

Si debes nacer en el continente oriental, el llamado Noble Cuerpo, percibirás un lago con cisnes machos y hembras. No vayas allí. Siente repulsión hacia ese lugar. En este continente, aunque dichoso y agradable, la ley no domina. No entres.

Si vas a nacer en el continente sur, la Isla Rosa-Manzana, verás bellas y lujosas mansiones. Entra allí si puedes.

Si vas a nacer en el continente occidental, el de las Vacas Benefactoras, verás un lago con caballos y yeguas. No vayas allí, vuelve aquí. Aunque allí hay salud y abundancia, es un lugar en el que la ley no florece, no entres.

Si vas a nacer en el continente del Norte, Sonido Desagradable, verás un lago con ganados o árboles. Aunque en él la vida sea larga y no carezca de méritos, la ley no florece allí; no entres.

Todos estos son signos premonitorios del renacimiento. Reconócelos. No entres.

Si vas a nacer como un dios, verás templos construidos de materias preciosas. Si estás listo para entrar, entra.

Si vas a nacer como un titán, verás bellos bosques o fuegos girando en todas direcciones. Sobre todo, no entres, acuérdate de resistir.

Si vas a nacer como un animal, verás cavernas rocosas y agujeros profundos en la tierra. No entres allí.

Si vas a nacer como un espíritu hambriento, verás llanuras desoladas y desnudas, cavernas poco profundas, claros en la selva virgen y grandes extensiones de bosque. Si vas allí y naces como un espíritu hambriento, sufrirás toda clase de miserias, hambre y sed. Sobre todo, no vayas allí. Acuérdate de resistir y persevera en ello firmemente.

Si vas a nacer como un ser infernal, oirás cantos producidos por el karma negativo, te verás obligado a entrar por fuerza y sentirás que has ido a un país oscuro, con casas negras y rojas, negros fosos y negras calles. Una vez allí entrarás en el infierno, experimentando un insoportable sufrimiento a través del frío y del calor, y no podrás salir. No te metas en medio de ello, sobre todo no entres, ten cuidado. Ha sido dicho: "Cierra la puerta de la matriz y acuérdate de resistir". Esto ahora es necesario.

Protección contra las furias atormentadoras

Oh, noble hijo, aunque no quieras, te verás obligatoriamente empujado. Por detrás te persiguen las furias atormentadoras del karma y por delante vengadores y asesinos te arrastran; tinieblas, huracanes, violentas tormentas, fragor, nieve y lluvia, granizo y furiosos tornados rugirán alrededor de ti, e intentarás escapar de ellos. Al escapar buscarás un refugio y encontrarás seguridad en las lujosas mansiones antes descritas, cavernas rocosas, excavaciones, selvas y flores de loto que se cierran. Oculto allí, tendrás miedo de salir y pensarás: "No puedo salir ahora" y, por miedo a salir, te sentirás apegado a dicho lugar. Te aterroriza volver a los terrores del estado de transición si sales, tendrás un miedo extraordinario de ello; y así, oculto allí dentro, tomarás un cuerpo, por muy malo que sea, y experimentarás toda clase de sufrimientos. Este es el signo de que demonios y fuerzas malignas te están obstruyendo. Para ese momento existe una gran instrucción. Escucha y comprende.

En estos momentos de terror, cuando te persiguen implacablemente las furias atormentadoras, debes visualizar de inmediato y con todo tu ser al Supremo Heruka, o Hayagriva, o Vajrapani,[127] o a tu divinidad tutelar, si posees una visión de forma perfecta, cuerpo ancho, miembros macizos, irritada y en actitud terrible, capaz de reducir a polvo a todos los espíritus malignos. Alejado de las furias atormentadoras por el poder de su gracia y compasión, podrás escoger la entrada en una matriz. Este es el profundo secreto de la instrucción, compréndelo.

Oh, noble hijo, estas fuerzas divinas han nacido del poder de la meditación, mientras que la amplia categoría de espíritus malignos, como espíritus hambrientos, etcétera, cambiando de actitud en el estado de transi-

127 Cada una de estas tres deidades, que brillan en el estado de transición de la realidad (*Chönyid Bardo*), es considerada como un potente exorcizador de malos espíritus.

ción, pueden ahora, bajo formas ilusorias de espíritus hambrientos y demonios, tomar un cuerpo mental.[128]

Los espíritus hambrientos que moran en las profundidades del mar y los espíritus hambrientos que vuelan a través del espacio y las ochenta mil clases de fuerzas negativas, cambiando de actitud, han tomado ese cuerpo mental. En estos momentos lo mejor es meditar en el Gran Símbolo del Vacío, pero, si no puedes, entonces toma parte en el juego de la ilusión. Y si no puedes hacer esto tampoco, al menos no te apegues a nada, sino que medita en tu divinidad tutelar, el Señor de la Gran Compasión, y alcanzarás la iluminación en el estado de beatitud.[129]

ALTERNATIVA ENTRE UN NACIMIENTO SUPRANORMAL Y EL NACIMIENTO DE UNA MATRIZ

Oh, noble hijo, si por influencia del karma tienes que entrar en una matriz, ahora se te instruirá en cómo elegir su entrada. Escucha. No entres en cualquier matriz que te sea accesible. Si, impelido por las furias atormentadoras, no puedes dejar de entrar en una, medita en Hayagriva.

Como ahora posees una sutil percepción supranatural conocerás todos los lugares, uno tras otro, elige.

Existen dos alternativas: la transferencia a un nivel de iluminación[130] o la elección de una impura puerta de matriz en el mundo fenoménico.

128 Es decir que las fuerzas divinas proceden de la meditación y las fuerzas malignas de la mente.

129 Sambhogakaya.

130 Buda.

La transferencia al Reino Puro del Espacio, o facultades purificadas, puede dirigirse pensando del modo siguiente: "Ay cuán triste es que, durante innumerables épocas, desde tiempos inmemorables hasta el presente, haya podido errar en las aguas cenagosas del mundo fenoménico. Qué tristeza no haber podido liberarme por el estado de iluminación, reconociendo a la consciencia como siendo el 'yo'. Ahora el mundo fenoménico me da horror, me repugna, me produce náuseas; ha llegado el momento de prepararse para huir de él. Trataré de nacer milagrosamente en el feliz Reino del Oeste a los pies del Buda Amitabha, entre flores de loto". Concentra tu pensamiento intensamente en el bienaventurado Reino del Oeste. O dirígelo hacia cualquier otro Reino que puedas desear, al Reino de la Suprema Felicidad, al Reino de la Densa Concentración, al Reino de las Hojas de Sauce, al de la Montaña de Palmeras o al Palacio de la Luz de Loto en Urgyan: nacerás inmediatamente en dicho Reino. O si quieres ir en presencia del Señor Maitreya en el Reino de la Felicidad, concéntrate en este pensamiento: "En estos momentos del estado de transición me ha llegado el tiempo de ir en presencia del Rey de la Ley, Maitreya, en el Reino de la Felicidad", y nacerás milagrosamente en el corazón de un loto en presencia de Maitreya.

El renacimiento

No obstante, si esto no te es posible y quieres entrar en una matriz o crees que has de entrar en una, existe una enseñanza para la elección de la puerta de matriz en el impuro mundo fenoménico. Escucha:

Como anteriormente, mira con tu percepción supranatural el continente que vas a escoger y entra en un lugar en el que la ley florezca.

Si vas a nacer en un montón de impurezas, percibirás esa fétida masa como de dulce olor y sintiéndote atraído hacia ella, nacerás ahí. Sea cual sea su apariencia, no confíes en ella. Solo sin atracción o repulsión puede elegirse una buena matriz.

Una vez más, es muy importante concentrarse de la siguiente forma: "Para el bien de todos los seres, naceré como un emperador universal o como un brahmin parecido a un tilo,[131] o como un siddha,[132] o en una familia de puro linaje en la ley, o en una familia cuyo padre y madre tengan fe, y tomando un cuerpo adornado con tales méritos podré beneficiar a todos los seres".

Concentrado en este pensamiento introdúcete en la matriz y, al entrar, debes bendecirla como si fuera una mansión celestial. Y, con confianza en que los Budas y bodhisatvas de las diez direcciones[133] y las divinidades tutelares, especialmente el Señor de la Gran Compasión, van a dotarla con su poder, ruégales y entra en ella.

En la elección de la puerta de matriz, debido a la influencia

131 Para los budistas, ese árbol es santo pues bajo él tuvo lugar el nacimiento y muerte de Gautama Buda.

132 Ver Glosario.

133 Estos son: los cuatro puntos cardinales, los cuatro puntos medios, el zenit y el nadir.

del karma, existe una posibilidad de error: las matrices buenas pueden aparecer como malas y las malas como buenas. También para este momento existe una importante enseñanza:

> Aunque la matriz te parezca buena, no seas atraído por ella; y, si tiene la apariencia de mala, no sientas repulsión tampoco. El verdadero, profundo y esencial secreto es adquirir un supremo estado de equilibrio en el que no existe bueno ni malo, aceptación o rechazo, pasión o agresión.

Pero como, excepción para aquellos pocos que ya tienen experiencia, es muy difícil superar las tendencias hacia el placer o la repulsión, entonces para impedirle que tome refugio entre aquellos de la más baja condición, entre lo peor de lo peor, como si fueran semejantes a animales, hay que llamar al difunto por su nombre de nuevo y decirle las siguientes palabras:

> Oh, noble hijo, si no sabes cómo elegir una matriz ni cómo superar la atracción y la repulsión, cualesquiera sean las visiones que aparezcan, invoca a las Tres Joyas y toma refugio en ellas. Ruega al Señor de la Gran Compasión. Marcha con la cabeza en alto. Aparta todo apego a rechazo por tus familiares y amigos, hijos e hijas, que has dejado tras de ti; ellos no pueden ayudarte. Entra ahora en la luz azul de los seres humanos o la blanca luz de los dioses; entra en las mansiones de piedras preciosas y deliciosos jardines.

Esto hay que repetirlo siete veces; a continuación, hay que dirigir la plegaria de “Invocación a los Budas y bodhisatvas” y leer “La plegaria que protege del miedo en el bardo”, “Los grandes versos del bardo" y "La liberación del peligroso camino del bardo" otras siete veces. Antes hay que leer también "La gran liberación por la audición" que inmediatamente libera los elementos psíquicos humanos"[134] y "El rito que confiere la liberación de las tendencias innatas",[135] de forma clara y precisa.

CONCLUSIÓN

Así, con una correcta actuación, los devotos[136] de más alta comprensión realizan la transmutación de consciencia en el estado de transición de los instantes mismos de la muerte y no tienen que errar por el estado de transición, sino que lo atraviesan y alcanzan la liberación. Por debajo de ellos, unos pocos con experiencia reconocen la Luz Primordial en la fase del estado de transición de la Gran Realidad y atravesándolo alcanzan la iluminación. Quienes se encuentran por debajo de estos alcanzan la liberación según su karma en un momento u otro en el que aparecen las proyecciones pacíficas y coléricas en el estado de transición de la realidad de la semana siguiente. Como existen muchas fases, reconocerán aquella que les sea apropiada y así alcanzarán la liberación.

Existen, pues, muchas ocasiones en las que puede obtenerse la liberación, si se llega al reconocimiento en una u otra de ellas. Pero aquellos cuyo karma es débil y cuyo oscurantismo es grave a causa de este, deben errar cada vez más hacia abajo hasta el renacimiento. Sin embargo, una vez más, existen muchos tipos de confrontaciones (o recuerdos) y puede obtenerse la liberación llegando al reconocimiento en una y otra fase.

134 Skandhas.
135 Estas cuatro plegarias están dadas en el Apéndice.
136 Yoguis.

Pero aquellos con el peor karma, como no saben hacer el reconocimiento, caen bajo la influencia del horror y el terror. Respecto a estos existen distintos grados de enseñanzas para cerrar las puertas de la matriz y elegir una de ellas. Incluso los más bajos de ellos, semejantes a los animales, pueden, en virtud de la toma de refugio, evitar entrar en los estadios más míseros, obtener un precioso cuerpo humano, dotado de todas las libertades y buenas oportunidades, y en su próxima vida encontrar un Maestro o un hermano espiritual, a través del cual reciba instrucción y pueda ser liberado.

Si esta doctrina es recibida durante el estado de transición hacia el renacimiento, la instrucción prolonga el karma meritorio, asemejándose a una artesa colocada bajo la hendidura de un tubo de drenaje roto. Hasta tal punto llega su enseñanza.

Es imposible, incluso para aquellos de peor karma, no ser liberados al escuchar esta enseñanza. ¿Por qué? Porque durante el estado de transición tanto la compasiva invitación de las energías divinas de iluminación y demás apariencias divinas de la paz y de la cólera, como la invitación de los tentadores y fuerzas negativas llegan juntas, de modo que simplemente por escuchar la enseñanza en estos momentos, la actitud puede quedar influenciada y obtener la liberación. Esta influencia es fácil porque el cuerpo mental no posee un sustento de carne y sangre. Por muy lejos que los difuntos hayan errado en el estado de transición, oyen y ven por una sutil percepción supranatural; esto es de extraordinaria ayuda, pues ellos comprenden y su mente queda instantáneamente influenciada. Es como el mecanismo de una catapulta, y semejante al manejo de una enorme viga que cien hombres no pueden llevar, pero que, echada al agua, puede ser fácilmente dirigida adonde se quiera. Es como controlar un caballo con las riendas.

Por tanto, uno debe acercarse al difunto y, si el cadáver se encuentra presente, un amigo debe leer esta rememoración una y otra vez hasta que sangre y pus salgan por las ventanas de la nariz. Mientras tanto el cuerpo no debe ser molestado. Las reglas por observar son: no deben sacrificarse animales en dedicación al difunto; en presencia del cadáver los amigos y familiares no deben llorar, gemir, ni hacer ruido alguno, y, por el contrario, realizar el mayor número de prácticas virtuosas posibles.

Junto a estas enseñanzas de "La gran liberación por la audición" (*Thödol*), es muy bueno si otras enseñanzas son leídas al final de esta instrucción. Estas deben ser recitadas tan a menudo como sea posible. Sus palabras y significaciones deben encontrarse presentes en la memoria de todos, y entonces, cuando la muerte sea segura y los signos de la muerte hayan sido reconocidos, si las propias condiciones lo permiten, uno debe leérselas a sí mismo en voz alta y reflexionar sobre ellas; y, si uno no es capaz de hacerlo, entonces un hermano de fe debe leer el libro, pues su recuerdo ciertamente liberará, de ello no hay duda.

Esta doctrina no necesita práctica, es una profunda instrucción que libera simplemente por ser vista, oída o leída. Esta profunda enseñanza conduce a aquellos de peor karma al camino secreto. Y, si uno no olvida sus palabras y términos, aunque fuera perseguido por siete perros, dicha instrucción liberará en el estado de transición de los momentos de la muerte. Incluso aunque se buscara a los seres iluminados[137] del pasado, presente y futuro, no se encontraría mejor enseñanza que esta.

Con ello termina la más profunda y oculta esencia de la instrucción en el estado de transición, llamada "La gran liberación por la audición" *(Thödol)*, que redime a los seres humanos.

137 Budas.

Apéndice

Versos de los seis estados de transición

Ahora, cuando el estado de transición
hacia el renacimiento brilla sobre mí,
debo abandonar la pereza
para la que no hay tiempo en la vida,
y dedicarme sin distracción alguna
al camino del estudio, reflexión y meditación,
reconociendo las propias proyecciones y mente,
y realizando el aspecto trino de la realidad;
ahora que he obtenido un cuerpo humano,
no hay tiempo en el camino
para divagaciones de la mente.

Ahora, cuando los sueños del estado
de transición brillan sobre mí,
debo abandonar el sopor de la ignorancia,
y dejar que mis pensamientos
sigan su natural estado de concentración,
controlando y transformando los sueños
en la luminosidad,
sin dejarme dormir en un estado de embrutecimiento,
unificando por el contrario sueño y realidad.

Ahora, cuando el estado de transición
del despertar por la meditación brilla sobre mí,
debo abandonar el tumulto de confusiones
y distracciones, y permanecer en ese estado
de infinito y quietud; firme en las dos
prácticas de meditación:
en el aspecto sin formas del Infinito
y en el de sus manifestaciones visualizadas,
con gran concentración y libre de toda acción,
sin caer en la confusión emocional.

Ahora, cuando el estado de transición
de los momentos de la muerte brilla sobre mí,
debo abandonar todo deseo a apego, y,
penetrando con concentración
en el despertar de la enseñanza,
proyectar mi consciencia
en la Consciencia infinita e increada; y,
al dejar este compuesto de carne y sangre,
percibirlo cual ilusión transitoria.

Ahora, cuando el estado de transición
de la Gran Realidad brilla sobre mí,
abandonando todo temor, miedo y terror,
que pueda reconocer cualquier cosa que aparezca como
a mis propias proyecciones, y pueda conocerlas
como apariciones en el estado de transición;
ahora cuando he llegado a este punto crucial,
que no tema a las energías pacíficas y coléricas,
mis propias proyecciones.

Ahora, cuando el estado de transición
del devenir brilla sobre mí,
que pueda concentrar por completo mi mente,
y pueda prolongar los resultados
de un karma positivo,
que pueda cerrarse la puerta de la matriz
y sentir repulsión hacia ella.

Ha llegado el momento en que energía
y un puro amor son necesarios;
que pueda apartar los celos y meditar en el principio
energético masculino-femenino del Maestro.

Oh, desvariado, que no piensas
que la muerte va a venir,
dedicando tu vida a inútiles quehaceres,
qué imprudente eres perdiendo esta gran oportunidad;
qué equivocado estarás si vuelves con las manos vacías:
ya que la Sagrada Ley es lo único que importa
¿por qué no la practicas en este mismo momento?
Así han dicho los grandes adeptos:
al no guardar las enseñanzas
de tu Maestro en tu corazón
¿no te estás traicionando a ti mismo?

Plegaria contra el miedo en el estado de transición

Cuando los días de mi vida están llegando a su fin,
y de nada me sirven mis familiares;
cuando voy errante y solo en el estado de transición,

que puedan las energías divinas de la paz y de la cólera
enviarme su poder de compasión,
y apartar las tinieblas de la ignorancia.
Cuando lejos de mis amigos queridos, voy errante y solo,
cuando las sombras de mis propios pensamientos
aparecen, puedan los seres iluminados enviarme
su poder de compasión, de modo
que no exista el terror en el estado de transición.
Cuando las cinco brillantes luces
de la sabiduría brillan sobre mí
que sin temor pueda reconocerlas como a mí mismo;
cuando las apariencias divinas de la paz
y de la cólera aparecen,
que sin miedo pueda reconocerlas confiadamente
en estado de transición.
Cuando sufro miserias debido a un karma negativo,
que los seres iluminados de la paz y
de la cólera aparten el sufrimiento;
cuando el sonido de la realidad ruge como mil truenos,
que pueda transmutar este en el sonido
de las doctrinas Mahayana.[138]

Cuando sin protección sigo mi propio karma,
que las energías divinas de la paz y de la cólera
puedan protegerme;
cuando sufro las miserias de mis propias tendencias,
que pueda el despertar de la clara luz brillar sobre mí.
En el momento del renacimiento supranormal en el
estado de transición del devenir,
que las falsas enseñanzas de los tentadores
no se produzcan; y cuando llegue allí donde desee,

138 *Om mani padme hum* y demás maneras.

que no experimente el temor ilusorio
del karma negativo.
Cuando los animales de presa rujan,
que puedan ser transformados en
los sonidos sagrados de las seis sílabas;
cuando perseguido por lluvia, viento, nieve y oscuridad,
que pueda ver con el ojo celestial de la sabiduría.

Que todos los seres sensibles
del mismo orden en el estado de transición,
libres de maldad, puedan nacer en un estado superior;
cuando me encuentre sometido a intensas miserias,
hambre y sed, que no sienta el dolor de la sed
y el hambre, el calor y el frío.
Cuando vea a mis futuros padres en unión,
que pueda considerarlos como
el principio masculino-femenino de las energías
de la paz y de la cólera; cuando obtenga el poder
de nacer donde fuere para bien de los demás,
que pueda obtener un cuerpo perfecto,
ornado con los signos de la gracia.
Que, habiendo obtenido un cuerpo humano perfecto,
puedan todos los que me vean y oigan ser liberados;
que no permita que el karma negativo me siga,
sino que aumente y me acompañe
cualquier mérito que pueda haber tenido.
Fuera donde naciere, allí y entonces,
que pueda encontrar la divinidad tutelar
de esa vida frente a frente;
que, al andar y hablar una vez nazca,
pueda obtener el poder de no olvidar y
recordar mis vidas pasadas.

Que, en cualquier fase de mi aprendizaje,
superior, media o inferior,
pueda comprender simplemente oyendo,
reflexionando y viendo;
que en cualquier lugar que nazca esa tierra
sea bendita, de forma que todos
los seres sensibles puedan ser felices.
Oh, energías divinas de la paz y de la cólera,
que yo y los demás podamos igualar,
en el número de sus seguidores,
y en la bondad de su divino Nombre.

Que las energías de la paz y de la cólera,
su infinita compasión,
el poder de la verdad y de la sagrada realidad,
y la devoción de los devotos,
puedan enviar sus bendiciones a esta plegaria.

PLEGARIA PROTECTORA EN EL PELIGROSO CAMINO DEL ESTADO DE TRANSICIÓN

A los Maestros y Dakinis,
que su gran amor nos guíe en el camino.

Cuando, a través de la ilusión,
voy errante por el mundo fenoménico,
que en el luminoso camino del estudio,
la reflexión y la meditación,
puedan los Maestros de linaje sagrado guiarme
y los principios femeninos seguirme;

que puedan ayudarme en el peligroso camino
del estado de transición
y conducirme al perfecto estado de iluminación.

Cuando, por intensa ignorancia,
voy errante por el mundo fenoménico,
que en el luminoso camino de la sabiduría
de la gran matriz,
pueda el bendito Vairocana guiarme,
y su principio femenino, la Reina del Espacio, seguirme;
que puedan ayudarme en el
peligroso camino del estado de transición
y conducirme al perfecto estado de iluminación.

Cuando, por intensa violencia,
voy errante por el mundo fenoménico
que en el luminoso camino del espejo de sabiduría,
pueda el bendito Vajra-Sattva guiarme,
y su principio femenino, la Madre Locana, seguirme,
que puedan ayudarme en el
peligroso camino del estado de transición
y conducirme al perfecto estado de iluminación.

Cuando, por intenso orgullo,
voy errante en el mundo fenoménico,
que en el luminoso camino
de la sabiduría de la ecuanimidad,
pueda el bendito Ratnasambhava guiarme,
y su principio femenino, la Madre Mamaki,
seguirme; que puedan ayudarme en el peligroso camino
del estado de transición
y conducirme al perfecto estado de iluminación.

Cuando, por intenso apego,
voy errante en el mundo fenoménico,
que en el luminoso camino del discernimiento,
pueda el bendito Amitabha guiarme,
y su principio femenino, Pandaravasini, seguirme;
que pueda ayudarme en el peligroso camino
del estado de transición,
y conducirme al perfecto estado de iluminación.

Cuando, por intensos celos,
voy errante en el mundo fenoménico,
que en el luminoso camino de la sabiduría
que todo lo cumple,
pueda el bendito Amogha-Siddhi, guiarme,
y su principio femenino, Samaya-Bara, seguirme;
que puedan ayudarme en
el peligroso camino del estado de transición
y conducirme al perfecto estado de iluminación.

Cuando, por mis fuertes tendencias,
voy errante en el mundo fenoménico,
que, en el luminoso camino de la sabiduría innata,
puedan los Vidyadhara guiarme,
y sus principios femeninos, las Dakinis, seguirme;
que puedan ayudarme en el peligroso camino
del estado de transición,
y conducirme al perfecto estado de iluminación.

Cuando, a través de mis confusas proyecciones,
voy errante en el mundo fenoménico,
que en el luminoso camino del abandono

de toda terrorífica alucinación,
puedan los bienaventurados de la paz y
de la cólera guiarme
y las Reinas del Espacio seguirme;
que puedan ayudarme en el peligroso camino
del estado de transición
y conducirme al perfecto estado de iluminación.

Que los elementos del espacio
no se levanten como enemigos, que pueda
ver el Reino de la Energía Iluminadora azul.
Que el elemento agua no se levante
en contra como enemigo, que pueda ver
el Reino de la Energía Iluminadora blanca.
Que el elemento tierra no se levante
en contra como enemigo, que pueda ver
el Reino de la Energía Iluminadora amarilla.
Que el elemento fuego no se levante
en contra como enemigo, que pueda ver
el Reino de la Energía Iluminadora roja.
Que el elemento aire no se levante
en contra como enemigo, que pueda ver
el Reino de la Energía Iluminadora verde.
Que los elementos del arcoíris no se levanten
en contra como enemigos, que pueda ver
los Reinos de todas las Energías Iluminadoras.
Que los sonidos, luces y rayos no se levanten
en contra como enemigos, que pueda ver
los reinos infinitos de los de la paz y de la cólera.
Que pueda reconocer todos los sonidos
como a mi propio sonido,
que pueda reconocer todas las luces

como a mi propia luz,
que pueda reconocer a todas las radiaciones
como a mi propia radiación.
Que pueda reconocer al estado de transición
como a mí mismo,
que pueda realizar los Reinos de los Tres Rayas.

Glosario

Amrita: néctar de la inmortalidad o vida espiritual. Sustancia que se encuentra en nuestro interior y que a través de la meditación podemos degustar.

Avadhuti (o Dhuti): vía central de la energía (Prana) en el cuerpo humano.

Bodhisattva: futuro Buda que se ha comprometido a ayudar a todos los seres sensibles en vez de disfrutar del estado de iluminación en provecho de sí mismo. Los bodhisattvas divinos representan la mente iluminada y activa en vida.

Brahmán: miembro de la más alta casta hindú. La abertura de Brahmán se encuentra a la altura en la coronilla de la cabeza, al final de la vía central energética a través de la cual la consciencia debe salir después de la muerte para poder liberarse.

Buda: despierto, iluminado. Puede referirse a las energías búdicas que constituyen aspectos del Principio de Iluminación, o a un ser iluminado, y, en particular, a Gautama Buda, el Buda histórico. También es el nombre de una de las cinco familias.

Dakini: el principio energético femenino, relacionado con el conocimiento y la inteligencia, el cual puede ser destructivo o creativo.

Deva: divinidad o energía divina.

Dharma: Ley. En plural, los elementos o realidades básicas.

Dharmadhatu: Dhatu es espacio, esfera, o nivel de la realidad; expresa la idea de la matriz que todo lo abarca y de la que todo fenómeno surge y en ella cesa.

Dharmakaya: "cuerpo de ley". Estado de la realidad absoluta.

Dharmata: totalidad de los elementos básicos, la esencia de la realidad.

Garuda: ave mítica, medio humana medio águila. Representa la confianza y el poder del yogui; devora a las serpientes de las emociones ponzoñosas.

Gurú: Gu = oscuridad, Ru = luz, por tanto, aquel que lleva de la oscuridad a la luz. Maestro espiritual.

Herima: nombre de una diosa, "la Blanca", y de un grupo de ocho diosas a las que dirige, que aparecen en el decimosegundo día del estado de transición.

Heruka: principio energético masculino en su forma colérica.

Karma: la doctrina según la cual toda acción es seguida de un resultado inevitable; acción y reacción, o causa y efecto, una de las cinco familias.

Kaya: literalmente, cuerpo; utilizado en sentido abstracto en los Tres Kayas. El objetivo último de cualquier sistema de yoga es alcanzar el primer estado, el incondicionado Dharmakaya, cuerpo de Ley, o Verdad Absoluta, perceptible para aquellos que han alcanzado la iluminación (Budas). El segundo es el Samboghakaya, cuerpo de beatitud, que aparece en forma de las energías divinas de la paz y de la cólera, y perceptible para los bodhisattvas; el tercero Nirmanakaya, es el cuerpo de transformación o creación, en el que la naturaleza búdica se manifiesta a sí misma sobre la tierra, en forma de Budas.

Loka: niveles o esferas de existencia del universo físico.

Mandala: situación de las deidades o sus emblemas, generalmente en forma de círculo, emanando desde el centro y simbolizando un sistema de energías.

Mantra: fórmula sagrada o palabras sánscritas, que expresan, a través de sonidos, una energía o poder. Debido a su posibilidad de utilizar mal estos poderes, el gurú o Maestro generalmente solo transmite dichos sonidos cuando considera que el discípulo está ya lo suficientemente purificado.

Meru: montaña dorada en el centro del universo, rodeada por cuatro continentes, que constituye el centro del mandala cósmico.

Nirmanakaya: "Cuerpo de Transformación". Cuerpo terrestre de los Budas.

Padma: loto, una de las cinco familias.

Prana: energía vital, sustento de la mente y la consciencia.

Ratna: joya; una de las cinco familias.

Samadhi: meditación por la que la distinción entre sujeto y objeto desaparece.

Sambhogakaya: "Cuerpo de beatitud", el aspecto visionario y comunicativo de la naturaleza búdica.

Sangsara o samsara: mundo fenoménico o ciclo de la existencia, basado en la ignorancia y caracterizado por el sufrimiento.

Sangha: la comunidad de aquellos que practican el dharma.

Siddha: Yogui que ha alcanzado la realización espiritual y poderes sobrenaturales (siddhi).

Skandhas: los cinco elementos psíquicos en que se basa la personalidad humana.

Stupa: monumento en forma de domo que contiene reliquias o textos religiosos.

Sutra: un discurso de Buda sobre meditación y filosofía.

Tantra: tratado que contiene las enseñanzas de una práctica espiritual concreta sobre la transmutación de la energía; también el método en sí mismo. Solo los textos principales y básicos son llamados tantras, pero existen muchas otras obras que pueden ser descritas como tántricas, entre las que se incluye el *Bardo Thödol*.

Vajra: objeto ritual tántrico, que consiste en un centro esférico del que irradian dos series de ganchos curvos, generalmente cinco o nueve. Significando al mismo tiempo rayo y diamante, simboliza poder, indestructibilidad, pureza y supremacía. También es el nombre de una de las cinco familias.

Vidyadhara: poseedor del conocimiento o visión; energía que cumple una función de comunicación.

Yoga: unión; método psicofísico de desarrollo espiritual, relacionado con la energía y la consciencia.

Yogui: practicante de yoga.

Yoguini: practicante de yoga femenino. En este texto se usa solamente para un grupo de diosas que aparece en el decimosegundo día del estado de transición.

Índice